Notre-Dame de Paris

Victor Hugo

Livre X

CONTENT

I

GRINGOIRE A PLUSIEURS BONNES IDÉES
DE SUITE RUE DES BERNARDINS

DEPUIS que Pierre Gringoire avait vu comment toute cette affaire tournait, et que décidément il y aurait corde, pendaison et autres désagréments pour les personnages principaux de cette comédie, il ne s'était plus soucié de s'en mêler. Les truands, parmi lesquels il était resté considérant qu'en dernier résultat c'était la meilleure compagnie de Paris, les truands avaient continué de s'intéresser à l'égyptienne. Il avait trouvé cela fort simple de la part de gens qui n'avaient, comme elle, d'autre perspective que Charmolue et Torterue, et qui ne chevauchaient pas comme lui dans les régions imaginaires entre les deux ailes de Pegasus. Il avait appris par leurs propos que son épousée au pot cassé s'était réfugiée dans Notre-Dame, et il en était bien aise. Mais il n'avait pas même la tentation d'y aller voir. Il songeait quelquefois à la petite chèvre, et c'était tout. Du reste, le jour il faisait des tours de force pour vivre, et la nuit il élucubrait un mémoire contre l'évêque de Paris, car il se souvenait d'avoir été inondé par les roues de ses moulins, et il lui en gardait rancune. Il s'occupait aussi de commenter le bel ouvrage de Baudry le Rouge, évêque de Noyon et de Tournay, de Cupa Petrarum, ce qui lui avait donné un goût violent pour l'architecture; penchant qui avait remplacé dans son coeur sa passion pour l'hermétisme, dont il n'était d'ailleurs qu'un corollaire naturel, puisqu'il y a un lien intime entre l'hermétique et la maçonnerie. Gringoire avait passé de l'amour d'une idée à l'amour de la forme de cette idée.

Un jour, il s'était arrêté près de Saint-Germain-l'Auxerrois à l'angle d'un logis qu'on appelait le For-l'Évêque, lequel faisait face à un autre qu'on appelait le For-le-Roi. Il y avait à ce For-l'Évêque une charmante chapelle du quatorzième siècle dont le chevet donnait sur la rue. Gringoire en examinait dévotement les sculptures extérieures. Il était dans un de ces moments de jouissance égoïste, exclusive, suprême, où l'artiste ne voit dans le monde que l'art et voit le monde dans l'art. Tout à coup, il sent une main se poser gravement sur son épaule. Il se retourne. C'était son ancien ami, son ancien maître, Monsieur l'archidiacre.

Il resta stupéfait. Il y avait longtemps qu'il n'avait vu l'archidiacre, et dom Claude était un de ces hommes solennels et passionnés dont la rencontre dérange toujours l'équilibre d'un philosophe sceptique.

L'archidiacre garda quelques instants un silence pendant lequel Gringoire eut le loisir de l'observer. Il trouva dom Claude bien changé, pâle comme un matin d'hiver, les yeux caves, les cheveux presque blancs. Ce fut le prêtre qui rompit enfin le silence en disant d'un ton tranquille, mais glacial: – Comment vous portez-vous, maître Pierre?

– Ma santé? répondit Gringoire. Hé! hé! on en peut dire ceci et cela. Toutefois l'ensemble est bon. Je ne prends trop de rien. Vous savez, maître? le secret de se bien porter, selon Hippocrates, id est: cibi, potus, somni, Venus, omnia moderata sint.

– Vous n'avez donc aucun souci, maître Pierre? reprit l'archidiacre en regardant fixement Gringoire.

– Ma foi, non.

– Et que faites-vous maintenant?

– Vous le voyez, mon maître. J'examine la coupe de ces pierres, et la façon dont est fouillé ce bas-relief.

Le prêtre se mit à sourire, de ce sourire amer qui ne relève qu'une des extrémités de la bouche. – Et cela vous amuse?

– C'est le paradis! s'écria Gringoire. Et se penchant sur les sculptures avec la mine éblouie d'un démonstrateur de phénomènes vivants: Est-ce donc que vous ne trouvez pas, par exemple, cette métamorphose de basse-taille exécutée avec beaucoup d'adresse, de mignardise et de patience? Regardez cette colonnette. Autour de quel chapiteau avez-vous vu feuilles plus tendres et mieux caressées du ciseau? Voici trois rondes-bosses de Jean Maillevin. Ce ne sont pas les plus belles oeuvres de ce grand génie. Néanmoins, la naïveté, la douceur des visages, la gaieté des attitudes et des draperies, et cet agrément inexplicable qui se mêle dans tous les défauts, rendent les figurines bien égayées et bien délicates, peut-être même trop. – Vous trouvez que ce n'est pas divertissant?

– Si fait! dit le prêtre.

– Et si vous voyiez l'intérieur de la chapelle! reprit le poète avec son enthousiasme bavard. Partout des sculptures. C'est touffu comme un coeur de chou! L'abside est d'une façon fort dévote et si particulière que je n'ai rien vu de même ailleurs!

Dom Claude l'interrompit: – Vous êtes donc heureux?

Gringoire répondit avec feu:

– En honneur, oui! J'ai d'abord aimé des femmes, puis des bêtes. Maintenant j'aime des pierres. C'est tout aussi amusant que les bêtes et les femmes, et c'est moins perfide.

Le prêtre mit sa main sur son front. C'était son geste habituel. – En vérité!

– Tenez! dit Gringoire, on a des jouissances! – Il prit le bras du prêtre qui se laissait aller, et le fit entrer sous la tourelle de l'escalier du For-l'Évêque. – Voilà un escalier! chaque fois que je le vois, je suis heureux. C'est le degré de la manière la plus simple et la plus rare de Paris. Toutes les marches sont par-dessous délardées. Sa beauté et sa simplicité consistent dans les girons de l'une et de l'autre, portant un pied ou environ, qui sont entrelacés, enclavés, emboîtés, enchaînés, enchâssés, entretaillés l'un dans l'autre et s'entre-mordent d'une façon vraiment ferme et gentille!

– Et vous ne désirez rien?

– Non.

– Et vous ne regrettez rien?

– Ni regret ni désir. J'ai arrangé ma vie.

– Ce qu'arrangent les hommes, dit Claude, les choses le dérangent.

– Je suis un philosophe pyrrhonien, répondit Gringoire, et je tiens tout en équilibre.

– Et comment la gagnez-vous, votre vie?

– Je fais encore çà et là des épopées et des tragédies; mais ce qui me rapporte le plus, c'est l'industrie que vous me connaissez, mon maître. Porter des pyramides de chaises sur mes dents.

– Le métier est grossier pour un philosophe.

– C'est encore de l'équilibre, dit Gringoire. Quand on a une pensée, on la retrouve en tout.

– Je le sais, répondit l'archidiacre.

Après un silence, le prêtre reprit: – Vous êtes néanmoins assez misérable?

– Misérable, oui; malheureux, non.

En ce moment, un bruit de chevaux se fit entendre, et nos deux interlocuteurs virent défiler au bout de la rue une compagnie des archers de l'ordonnance du roi, les lances hautes, l'officier en têtc. La cavalcade était brillante et résonnait sur le pavé.

– Comme vous regardez cet officier! dit Gringoire à l'archidiacre.

– C'est que je crois le reconnaître.

– Comment le nommez-vous?

– Je crois, dit Claude, qu'il s'appelle Phoebus de Châteaupers.

– Phoebus! un nom de curiosité! Il y a aussi Phoebus, comte de Foix. J'ai souvenir d'avoir connu une fille qui ne jurait que par Phoebus.

– Venez-vous-en, dit le prêtre. J'ai quelque chose à vous dire.

Depuis le passage de cette troupe, quelque agitation perçait sous l'enveloppe glaciale de l'archidiacre. Il se mit à marcher. Gringoire le suivait, habitué à lui obéir, comme tout ce qui avait approché une fois cet homme plein d'ascendant. Ils arrivèrent en silence jusqu'à la rue des Bernardins qui était assez déserte. Dom Claude s'y arrêta.

– Qu'avez-vous à me dire, mon maître? lui demanda Gringoire.

– Est-ce que vous ne trouvez pas, répondit l'archidiacre d'un air de profonde réflexion, que l'habit de ces cavaliers que nous venons de voir est plus beau que le vôtre et que le mien?

Gringoire hocha la tête. – Ma foi! j'aime mieux ma gonelle jaune et rouge que ces écailles de fer et d'acier. Beau plaisir, de faire en marchant le même bruit que le quai de la Ferraille par un tremblement de terre!

– Donc, Gringoire, vous n'avez jamais porté envie à ces beaux fils en hoquetons de guerre?

– Envie de quoi, monsieur l'archidiacre? de leur force, de leur armure, de leur discipline? Mieux valent la philosophie et l'indépendance en guenilles. J'aime mieux être tête de mouche que queue de lion.

– Cela est singulier, dit le prêtre rêveur. Une belle livrée est pourtant belle.

Gringoire, le voyant pensif, le quitta pour aller admirer le porche d'une maison voisine. Il revint en frappant des mains. – Si vous étiez moins occupé des beaux habits des gens de guerre, monsieur l'archidiacre, je vous prierais d'aller voir cette porte. Je l'ai toujours dit, la maison du sieur Aubry a une entrée la plus superbe du monde.

– Pierre Gringoire, dit l'archidiacre, qu'avez-vous fait de cette petite danseuse égyptienne?

– La Esmeralda? Vous changez bien brusquement de conversation.

– N'était-elle pas votre femme?

– Oui, au moyen d'une cruche cassée. Nous en avions pour quatre ans. – À propos, ajouta Gringoire en regardant l'archidiacre d'un air à demi goguenard, vous y pensez donc toujours?

– Et vous, vous n'y pensez plus?

– Peu. – J'ai tant de choses!... Mon Dieu, que la petite chèvre était jolie!

– Cette bohémienne ne vous avait-elle pas sauvé la vie?

– C'est pardieu vrai.

– Eh bien! qu'est-elle devenue? qu'en avez-vous fait?

– Je ne vous dirai pas. Je crois qu'ils l'ont pendue.

– Vous croyez?

– Je ne suis pas sûr. Quand j'ai vu qu'ils voulaient pendre les gens, je me suis retiré du jeu.

– C'est là tout ce que vous en savez?

– Attendez donc. On m'a dit qu'elle s'était réfugiée dans Notre-Dame, et qu'elle y était en sûreté, et j'en suis ravi, et je n'ai pu découvrir si la chèvre s'était sauvée avec elle, et c'est tout ce que j'en sais.

– Je vais vous en apprendre davantage, cria dom Claude, et sa voix, jusqu'alors basse, lente et presque sourde, était devenue tonnante. Elle est en effet réfugiée dans Notre-Dame. Mais dans trois jours la justice l'y reprendra, et elle sera pendue en Grève. Il y a arrêt du parlement.

– Voilà qui est fâcheux, dit Gringoire.

Le prêtre, en un clin d'oeil, était redevenu froid et calme.

– Et qui diable, reprit le poète, s'est donc amusé à solliciter un arrêt de réintégration? Est-ce qu'on ne pouvait pas laisser le parlement tranquille? Qu'est-ce que cela fait qu'une pauvre fille s'abrite sous les arcs-boutants de Notre-Dame à côté des nids d'hirondelle?

– Il y a des satans dans le monde, répondit l'archidiacre.

– Cela est diablement mal emmanché, observa Gringoire.

L'archidiacre reprit après un silence: – Donc, elle vous a sauvé la vie?

– Chez mes bons amis les truandiers. Un peu plus, un peu moins, j'étais pendu. Ils en seraient fâchés aujourd'hui.

– Est-ce que vous ne voulez rien faire pour elle?

– Je ne demande pas mieux, dom Claude. Mais si je vais m'entortiller une vilaine affaire autour du corps?

– Qu'importe!

– Bah! qu'importe! Vous êtes bon, vous, mon maître! j'ai deux grands ouvrages commencés.

Le prêtre se frappa le front. Malgré le calme qu'il affectait, de temps en temps un geste violent révélait ses convulsions intérieures. – Comment la sauver?

Gringoire lui dit: – Mon maître, je vous répondrai: Il padelt, ce qui veut dire en turc: Dieu est notre espérance.

– Comment la sauver? répéta Claude rêveur.

Gringoire à son tour se frappa le front.

– Écoutez, mon maître. J'ai de l'imagination. Je vais vous trouver des expédients. – Si on demandait la grâce au toi?

– À Louis XI? une grâce?

– Pourquoi pas?

– Va prendre son os au tigre!

Gringoire se mit à chercher de nouvelles solutions.

– Eh bien! tenez! – Voulez-vous que j'adresse aux matrones une requête avec déclaration que la fille est enceinte?

Cela fit étinceler la creuse prunelle du prêtre.

– Enceinte! drôle! est-ce que tu en sais quelque chose?

Gringoire fut effrayé de son air. Il se hâta de dire: – Oh! non pas moi! Notre mariage était un vrai forismaritagium. Je suis resté dehors. Mais enfin on obtiendrait un sursis.

– Folie! infamie! tais-toi!

– Vous avez tort de vous fâcher, grommela Gringoire. On obtient un sursis, cela ne fait de mal à personne, et cela fait gagner quarante deniers parisis aux matrones, qui sont de pauvres femmes.

Le prêtre ne l'écoutait pas. – Il faut pourtant qu'elle sorte de là! murmura-t-il. L'arrêt est exécutoire sous trois jours! D'ailleurs, il n'y aurait pas d'arrêt, ce Quasimodo! Les femmes ont des goûts bien dépravés! Il haussa la voix: – Maître Pierre, j'y ai bien réfléchi, il n'y a qu'un moyen de salut pour elle.

– Lequel? moi, je n'en vois plus.

– Écoutez, maître Pierre, souvenez-vous que vous lui devez la vie. Je vais vous dire franchement mon idée. L'église est guettée jour et nuit. On n'en laisse sortir que ceux qu'on y a vus entrer. Vous pourrez donc entrer. Vous viendrez. Je vous introduirai près d'elle. Vous changerez d'habits avec elle. Elle prendra votre pourpoint, vous prendrez sa jupe.

– Cela va bien jusqu'à présent, observa le philosophe. Et puis?

– Et puis? Elle sortira avec vos habits; vous resterez avec les siens. On vous pendra peut-être, mais elle sera sauvée.

Gringoire se gratta l'oreille avec un air très sérieux.

– Tiens! dit-il, voilà une idée qui ne me serait jamais venue toute seule.

À la proposition inattendue de dom Claude, la figure ouverte et bénigne du poète s'était brusquement rembrunie, comme un riant paysage d'Italie quand il survient un coup de vent malencontreux qui écrase un nuage sur le soleil.

– Hé bien, Gringoire! que dites-vous du moyen?

– Je dis, mon maître, qu'on ne me pendra pas peut-être, mais qu'on me pendra indubitablement.

– Cela ne nous regarde pas.

– La peste! dit Gringoire.

– Elle vous a sauvé la vie. C'est une dette que vous payez.

– Il y en a bien d'autres que je ne paie pas!!

– Maître Pierre, il le faut absolument.

L'archidiacre parlait avec empire.

–Écoutez, dom Claude, répondit le poète tout consterné. Vous tenez à cette idée et vous avez tort. Je ne vois pas pourquoi je me ferais pendre à la place d'un autre.

– Qu'avez-vous donc tant qui vous attache à la vie?

– Ah! mille raisons!

– Lesquelles, s'il vous plaît?

– Lesquelles? L'air, le ciel, le matin, le soir, le clair de lune, mes bons amis les truands, nos gorges chaudes avec les vilotières, les belles architectures de Paris à étudier, trois gros livres à faire, dont un contre l'évêque et ses moulins, que sais-je, moi? Anaxagoras disait qu'il était au monde pour admirer le soleil. Et puis, j'ai le bonheur de passer toutes mes journées du matin au soir avec un homme de génie qui est moi, et c'est fort agréable.

– Tête à faire un grelot! grommela l'archidiacre. Eh! parle, cette vie que tu te fais si charmante, qui te l'a conservée? À qui dois-tu de respirer cet air, de voir ce ciel, et de pouvoir encore amuser ton esprit d'alouette de billevesées et de folies? Sans elle, où serais-tu? Tu veux donc qu'elle meure, elle par qui tu es vivant? qu'elle meure, cette créature, belle, douce, adorable, nécessaire à la lumière du monde, plus divine que Dieu! tandis que toi, demi-sage et demi-fou, vaine ébauche de quelque chose, espèce de végétal qui crois marcher et qui crois penser, tu continueras à vivre avec la vie que tu lui as volée, aussi inutile qu'une chandelle en plein midi? Allons, un peu de pitié, Gringoire! sois généreux à ton tour. C'est elle qui a commencé.

Le prêtre était véhément. Gringoire l'écouta d'abord avec un air indéterminé, puis il s'attendrit, et finit par faire une grimace tragique qui fit ressembler sa blême figure à celle d'un nouveau-né qui a la colique.

– Vous êtes pathétique, dit-il en essuyant une larme.

– Eh bien! j'y réfléchirai. – C'est une drôle d'idée que vous avez eue là. – Après tout, poursuivit-il après un silence, qui sait? peut-être ne me pendront-ils pas. N'épouse pas toujours qui fiance. Quand ils me trouveront dans cette logette, si grotesquement affublé, en jupe et en coiffe, peut-être éclateront-ils de rire. – Et puis, s'ils me pendent, eh bien! la corde, c'est une mort comme une autre, ou, pour mieux dire, ce n'est pas une mort comme une autre. C'est une mort digne du sage qui a oscillé toute sa vie, une mort qui n'est ni chair ni poisson, comme l'esprit du véritable sceptique, une mort tout empreinte de pyrrhonisme et d'hésitation, qui tient le milieu entre le ciel et la terre, qui vous laisse en suspens. C'est une mort de philosophe, et j'y étais prédestiné peut-être. Il est magnifique de mourir comme on a vécu.

Le prêtre l'interrompit: – Est-ce convenu?

– Qu'est-ce que la mort, à tout prendre? poursuivit Gringoire avec exaltation. Un mauvais moment, un péage, le passage de peu de chose à rien. Quelqu'un ayant demandé à Cercidas, mégalopolitain, s'il mourrait volontiers: Pourquoi non? répondit-il; car après ma mort je verrai ces grands hommes, Pythagoras entre les philosophes, Hecataeus entre les historiens, Homère entre les poètes, Olympe entre les musiciens.

L'archidiacre lui présenta la main. – Donc c'est dit? vous viendrez demain.

Ce geste ramena Gringoire au positif.

– Ah! ma foi non! dit-il du ton d'un homme qui se réveille. Être pendu! c'est trop absurde. Je ne veux pas.

– Adieu alors! Et l'archidiacre ajouta entre ses dents: Je te retrouverai!

– Je ne veux pas que ce diable d'homme me retrouve, pensa Gringoire; et il courut après dom Claude. – Tenez, monsieur l'archidiacre, pas d'humeur entre vieux amis! Vous vous intéressez à cette fille, à ma femme, veux-je dire, c'est bien. Vous avez imaginé un stratagème pour la faire sortir sauve de Notre-Dame, mais votre moyen est extrêmement désagréable pour moi, Gringoire. – Si j'en avais un autre, moi! – Je vous préviens qu'il vient de me survenir à l'instant une inspiration très lumineuse. – Si j'avais une idée expédiente pour la tirer du mauvais pas sans compromettre mon cou avec le moindre noeud coulant? qu'est-ce que vous diriez? cela ne vous suffirait-il point? Est-il absolument nécessaire que je sois pendu pour que vous soyez content?

Le prêtre arrachait d'impatience les boutons de sa soutane. – Ruisseau de paroles! – Quel est ton moyen?

– Oui, reprit Gringoire se parlant à lui-même et touchant son nez avec son index en signe de méditation, c'est cela! – Les truands sont de braves fils. – La tribu d'Égypte l'aime. – Ils se lèveront au premier mot. – Rien de plus facile. – Un coup de main. – À la faveur du désordre, on l'enlèvera aisément. – Dès demain soir... ils ne demanderont pas mieux.

– Le moyen! parle, dit le prêtre en le secouant.

Gringoire se tourna majestueusement vers lui: – Laissez-moi donc! vous voyez bien que je compose. Il réfléchit encore quelques instants. Puis il se mit à battre des mains à sa pensée en criant: – Admirable! réussite sûre!

– Le moyen! reprit Claude en colère.

Gringoire était radieux.

– Venez, que je vous dise cela tout bas. C'est une contre-mine vraiment gaillarde et qui nous tire tous d'affaire. Pardieu! il faut convenir que je ne suis pas un imbécile.

Il s'interrompit: – Ah çà! la petite chèvre est-elle avec la fille?

– Oui. Que le diable t'emporte!

– C'est qu'ils l'auraient pendue aussi, n'est-ce pas?

– Qu'est-ce que cela me fait?

– Oui, ils l'auraient pendue. Ils ont bien pendu une truie le mois passé. Le bourrel aime cela. Il mange la bête après. Pendre ma jolie Djali! Pauvre petit agneau!

– Malédiction! s'écria dom Claude. Le bourreau, c'est toi. Quel moyen de salut as-tu donc trouvé, drôle? faudra-t-il t'accoucher ton idée avec le forceps?

– Tout beau, maître! voici.

Gringoire se pencha à l'oreille de l'archidiacre et lui parla très bas, en jetant un regard inquiet d'un bout à l'autre de la rue où il ne passait pourtant personne. Quand il eut fini, dom Claude lui prit la main et lui dit froidement: – C'est bon. À demain.

– À demain, répéta Gringoire. Et tandis que l'archidiacre s'éloignait d'un côté, il s'en alla de l'autre en se disant à demi-voix: – Voilà une fière affaire, monsieur Pierre Gringoire. N'importe. Il n'est pas dit, parce qu'on est petit, qu'on s'effraiera d'une grande entreprise. Biton porta un grand taureau sur ses épaules; les hochequeues, les fauvettes et les traquets traversent l'océan.

II

FAITES-VOUS TRUAND

L'ARCHIDIACRE, en rentrant au cloître, trouva à la porte de sa cellule son frère Jehan du Moulin qui l'attendait et qui avait charmé les ennuis de l'attente en dessinant avec un charbon sur le mur un profil de son frère aîné enrichi d'un nez démesuré.

Dom Claude regarda à peine son frère. Il avait d'autres songes. Ce joyeux visage de vaurien dont le rayonnement avait tant de fois rasséréné la sombre physionomie du prêtre était maintenant impuissant à fondre la brume qui s'épaississait chaque jour davantage sur cette âme corrompue, méphitique et stagnante.

– Mon frère, dit timidement Jehan, je viens vous voir.

L'archidiacre ne leva seulement pas les yeux sur lui. – Après?

– Mon frère, reprit l'hypocrite, vous êtes si bon pour moi, et vous me donnez de si bons conseils que je reviens toujours à vous.

– Ensuite?

– Hélas! mon frère, c'est que vous aviez bien raison quand vous me disiez: – Jehan! Jehan! cessat doctorum doctrina, discipulorum disciplina. Jehan, soyez sage, Jehan, docte, Jehan, ne pernoctez pas hors le collège sans légitime et congé du maître. Ne battez pas les picards, noli, Joannes, verberare picardos. Ne pourrissez pas comme un âne illettré, quasi asinus illitteratus, sur le feurre de l'école. Jehan, laissez-vous punir à la discrétion du maître. Jehan, allez tous les soirs à la chapelle et chantez-y une antienne avec verset et oraison à madame la glorieuse Vierge Marie. Hélas! que c'étaient là de très excellents avis!

– Et puis?

– Mon frère, vous voyez un coupable, un criminel, un misérable, un libertin, un homme énorme! Mon cher frère, Jehan a fait de vos gracieux conseils paille et fumier à fouler aux pieds. J'en suis bien châtié, et le bon Dieu est extraordinairement juste. Tant que j'ai eu de l'argent, j'ai fait ripaille, folie et vie joyeuse. Oh! que la débauche, si charmante de face, est laide et rechignée par derrière! Maintenant je n'ai plus un blanc, j'ai vendu ma nappe, ma chemise et ma touaille, plus de joyeuse vie! la belle chandelle est éteinte, et je n'ai plus que la vilaine mèche de suif qui me fume dans le nez. Les filles se moquent de moi. Je bois de l'eau. Je suis bourrelé de remords et de créanciers.

– Le reste? dit l'archidiacre.

– Hélas! très cher frère, je voudrais bien me ranger à une meilleure vie. Je viens à vous, plein de contrition. Je suis pénitent. Je me confesse. Je me frappe la poitrine à grands coups de poing. Vous avez bien raison de vouloir que je devienne un jour licencié et sous-moniteur du collège de Torchi. Voici que je me sens à présent une vocation magnifique pour cet état. Mais je n'ai plus d'encre, il faut que j'en rachète; je n'ai plus de plumes, il faut que rachète; je n'ai plus de papier, je n'ai plus de livres, il faut que j'en rachète. J'ai grand besoin pour cela d'un peu de finance. Et je viens à vous, mon frère, le coeur plein de contrition.

– Est-ce tout?

– Oui, dit l'écolier. Un peu d'argent.

– Je n'en ai pas.

L'écolier dit alors d'un air grave et résolu en même temps: – Eh bien, mon frère, je suis fâché d'avoir à vous dire qu'on me fait d'autre part de très belles offres et propositions. Vous ne voulez pas me donner d'argent? Non? – En ce cas, je vais me faire truand.

En prononçant ce mot monstrueux, il prit une mine d'Ajax, s'attendant à voir tomber la foudre sur sa tête.

L'archidiacre lui dit froidement: – Faites-vous truand.

Jehan le salua profondément et redescendit l'escalier cloître en sifflant.

Au moment où il passait dans la cour du cloître sous la fenêtre de la cellule de son frère, il entendit cette fenêtre s'ouvrir, leva le nez et vit passer par l'ouverture la tête sévère de l'archidiacre. – Va-t'en au diable! disait dom Claude; voici le dernier argent que tu auras de moi.

En même temps, le prêtre jeta à Jehan une bourse qui fit à l'écolier une grosse bosse au front, et dont Jehan s'en alla à la fois fâché et content, comme un chien qu'on lapiderait avec des os à moelle.

III

VIVE LA JOIE!

LE lecteur n'a peut-être pas oublié qu'une partie de la Cour des Miracles était enclose par l'ancien mur d'enceinte de la ville, dont bon nombre de tours commençaient dès cette époque à tomber en ruine. L'une de ces tours avait été convertie en lieu de plaisir par les truands. Il y avait cabaret dans la salle basse, et le reste dans les étages supérieurs. Cette tour était le point le plus vivant et par conséquent le plus hideux de la truanderie. C'était une sorte de ruche monstrueuse qui y bourdonnait nuit et jour. La nuit, quand tout le surplus de la gueuserie dormait, quand il n'y avait plus une fenêtre allumée sur les façades terreuses de la place, quand on n'entendait plus sortir un cri de ces innombrables maisonnées, de ces fourmilières de voleurs, de filles et d'enfants volés ou bâtards, on reconnaissait toujours la joyeuse tour au bruit qu'elle faisait, à la lumière écarlate qui, rayonnant à la fois aux soupiraux, aux fenêtres, aux fissures des murs lézardés, s'échappait pour ainsi dire de tous ses pores.

La cave était donc le cabaret. On y descendait par une porte basse et par un escalier aussi roide qu'un alexandrin classique. Sur la porte il y avait en guise d'enseigne un merveilleux barbouillage représentant des sols neufs et des poulets tués, avec ce calembour au-dessous: Aux sonneurs pour les trépassés.

Un soir, au moment où le couvre-feu sonnait à tous les beffrois de Paris, les sergents du guet, s'il leur eût été donné d'entrer dans la redoutable Cour des Miracles, auraient pu remarquer qu'il se faisait dans la taverne des truands plus de tumulte encore qu'à l'ordinaire, qu'on y buvait plus et qu'on y jurait mieux. Au dehors, il y avait dans la place force groupes qui s'entretenaient à voix basse, comme lorsqu'il se trame un grand dessein, et çà et là un drôle accroupi qui aiguisait une méchante lame de fer sur un pavé.

Cependant dans la taverne même, le vin et le jeu étaient une si puissante diversion aux idées qui occupaient ce soir-là la truanderie, qu'il eût été difficile de deviner aux propos des buveurs de quoi il s'agissait. Seulement ils avaient l'air plus gai que de coutume, et on leur voyait à tous reluire quelque arme entre les jambes, une serpe, une cognée, un gros estramaçon, ou le croc d'une vieille hacquebute.

La salle, de forme ronde, était très vaste, mais les tables étaient si pressées et les buveurs si nombreux, que tout ce que contenait la taverne, hommes, femmes, bancs, cruches à bière, ce qui buvait, ce qui dormait, ce qui jouait, les bien portants, les éclopés, semblaient entassés pêle-mêle avec autant d'ordre et d'harmonie qu'un tas d'écailles d'huîtres. Il y avait quelques suifs allumés sur les tables; mais le véritable luminaire de la taverne, ce qui remplissait dans le cabaret le rôle du lustre dans une salle d'opéra, c'était le feu. Cette cave était si humide qu'on n'y laissait jamais éteindre la cheminée, même en plein été; une cheminée immense à manteau sculpté, toute hérissée de lourds chenets de fer et d'appareils de cuisine, avec un de ces gros feux mêlés de bois et de tourbe qui, la nuit, dans les rues de village, font saillir si rouge sur les murs d'en face le spectre des fenêtres de forge. Un grand chien, gravement assis dans la cendre, tournait devant la braise une broche chargée de viandes.

Quelle que fût la confusion, après le premier coup d'oeil, on pouvait distinguer dans cette multitude trois groupes principaux, qui se pressaient autour de trois personnages que le lecteur connaît déjà. L'un de ces personnages, bizarrement accoutré de maint oripeau oriental, était Mathias Hungadi Spicali, duc d'Égypte et de Bohême. Le maraud était assis sur une table, les jambes croisées, le doigt en l'air et faisait d'une voix haute distribution de sa science en magie blanche et noire à mainte face béante qui l'entourait. Une autre cohue s'épaississait autour de notre ancien ami, le vaillant roi de Thunes, armé jusqu'aux dents. Clopin Trouillefou, d'un air très sérieux et à voix basse, réglait le pillage d'une énorme futaille pleine d'armes, largement défoncée devant lui, d'où se dégorgaient en foule haches, épées, bassinets, cottes de mailles, platers, fers de lance et d'archegayes, sagettes et viretons, comme pommes et raisins d'une corne d'abondance. Chacun prenait au tas, qui le morion, qui l'estoc, qui la miséricorde à poignée en croix. Les enfants eux-mêmes s'armaient, et il y avait jusqu'à des culs-de-jatte qui, bardés et cuirassés, passaient entre les jambes des buveurs comme de gros scarabées.

Enfin un troisième auditoire, le plus bruyant, le plus jovial et le plus nombreux, encombrait les bancs et les tables au milieu desquels pérorait et jurait une voix en flûte qui s'échappait de dessous une pesante armure complète du casque aux éperons. L'individu qui s'était ainsi vissé une panoplie sur le corps disparaissait tellement sous l'habit de guerre qu'on ne voyait plus de sa personne qu'un nez effronté, rouge, retroussé, une boucle de cheveux blonds, une bouche rose et des yeux hardis. Il avait la ceinture pleine de dagues et de poignards, une grande épée au flanc, une arbalète rouillée à sa gauche, et un vaste broc de vin devant lui, sans compter à sa droite une épaisse fille débraillée. Toutes les bouches à l'entour de lui riaient, sacraient et buvaient.

Qu'on ajoute vingt groupes secondaires, les filles et les garçons de service courant avec des brocs en tête, les joueurs accroupis sur les billes, sur les merelles, sur les dés, sur les vachettes, sur le jeu passionné du tringlet, les querelles dans un coin, les baisers dans l'autre, et l'on aura quelque idée de cet ensemble, sur lequel vacillait la clarté d'un grand feu flambant qui faisait danser sur les murs du cabaret mille ombres démesurées et grotesques.

Quant au bruit, c'était l'intérieur d'une cloche en grande volée.

La lèchefrite, où pétillait une pluie de graisse, emplissait de son glapissement continu les intervalles de ces mille dialogues qui se croisaient d'un bout à l'autre de la salle.

Il y avait parmi ce vacarme, au fond de la taverne, sur le banc intérieur de la cheminée, un philosophe qui méditait, les pieds dans la cendre et l'oeil sur les tisons. C'était Pierre Gringoire.

– Allons, vite! dépêchons, armez-vous! on se met en marche dans une heure! disait Clopin Trouillefou à ses argotiers.

Une fille fredonnait:

Bonsoir, mon père et ma mère!

Les derniers couvrent le feu.

Deux joueurs de cartes se disputaient. – Valet! criait le plus empourpré des deux, en montrant le poing à l'autre, je vais te marquer au trèfle. Tu pourras remplacer Mistigri dans le jeu de cartes de monseigneur le roi.

– Ouf! hurlait un normand, reconnaissable à son accent nasillard, on est ici tassé comme les saints de Caillouville!

– Fils, disait à son auditoire le duc d'Égypte parlant en fausset, les sorcières de France vont au sabbat sans balai, ni graisse, ni monture, seulement avec quelques paroles magiques. Les sorcières d'Italie ont toujours un bouc qui les attend à leur porte. Toutes sont tenues de sortir par la cheminée.

La voix du jeune drôle armé de pied en cap dominait le brouhaha. – Noël! Noël! criait-il. Mes première armes aujourd'hui! Truand! je suis truand, ventre de Christ! versez-moi à boire! – Mes amis, je m'appelle Jehan Frollo du Moulin, et je suis gentilhomme. Je suis d'avis que, si Dieu était gendarme, il se ferait pillard. Frères, nous allons faire une belle expédition. Nous sommes des vaillants. Assiéger l'église, enfoncer les portes, en tirer la belle fille, la sauver des juges, la sauver des prêtres, démanteler le cloître, brûler l'évêque dans l'évêché, nous ferons cela en moins de temps qu'il n'en faut à un bourgmestre pour manger une cuillerée de soupe. Notre cause est juste, nous pillerons Notre-Dame, et tout sera dit. Nous pendrons Quasimodo. Connaissez-vous Quasimodo, mesdemoiselles? L'avez-vous vu s'essouffler sur le bourdon un jour de grande Pentecôte? Corne du Père! c'est très beau! on dirait un diable à cheval sur une gueule. – Mes amis, écoutez-moi, je suis truand au fond du coeur, je suis argotier dans l'âme, je suis né cagou. J'ai été très riche, et j'ai mangé mon bien. Ma mère voulait me faire officier, mon père sous-diacre, ma tante conseiller aux enquêtes, ma grand'mère protonotaire du roi, ma grand'tante trésorier de robe courte. Moi, je me suis fait truand. J'ai dit cela à mon père qui m'a craché sa malédiction au visage, à ma mère qui s'est mise, la vieille dame, à pleurer et à baver comme cette bûche sur ce chenet. Vive la joie! je suis un vrai Bicêtre! Tavernière ma mie, d'autre vin! j'ai encore de quoi payer. Je ne veux plus de vin de Suresnes. Il me chagrine le gosier. J'aimerais autant, corboeuf! me gargariser d'un panier!

Cependant la cohue applaudissait avec des éclats de rire et, voyant que le tumulte redoublait autour de lui, l'écolier s'écria: – Oh! le beau bruit! Populi debacchantis populosa debacchatio! Alors il se mit à chanter, l'oeil comme noyé dans l'extase, du ton d'un chanoine qui entonne vêpres: – Quae cantica! quae organa! quae cantilenae! quae melodiae hic sine fine decantantur! sonant melliflua hymnorum organa, suavissima angelorum melodia, cantica canticorum mira! Il s'interrompit: – Buvetière du diable, donne-moi à souper.

Il y eut un moment de quasi-silence pendant lequel s'éleva à son tour la voix aigre du duc d'Égypte, enseignant ses bohémiens – ... La belette s'appelle Aduine, le renard Pied-Bleu ou le Coureur-des-Bois, le loup Pied-Gris ou Pied-Doré, l'ours le Vieux ou le Grand-Père. – Le bonnet d'un gnome rend invisible, et fait voir les choses invisibles. – Tout crapaud qu'on baptise doit être vêtu de velours rouge ou noir, une sonnette au cou, une sonnette aux pieds. Le parrain tient la tête, la marraine le derrière. – C'est le démon Sidragasum qui a le pouvoir de faire danser les filles toutes nues.

– Par la messe! interrompit Jehan, je voudrais être le démon Sidragasum.

Cependant les truands continuaient de s'armer en chuchotant à l'autre bout du cabaret.

– Cette pauvre Esmeralda! disait un bohémien. C'est notre soeur. – Il faut la tirer de là.

– Est-elle donc toujours à Notre-Dame? reprenait un marcandier à mine de juif.

– Oui, pardieu!

– Eh bien! camarades, s'écria le marcandier, à Notre-Dame! D'autant mieux qu'il y a à la chapelle des saints Féréol et Ferrution deux statues, l'une de saint Jean-Baptiste, l'autre de saint Antoine, toutes d'or, pesant ensemble dix-sept marcs d'or et quinze estellins, et les sous-pieds d'argent doré dix-sept marcs cinq onces. Je sais cela. Je suis orfèvre.

Ici on servit à Jehan son souper. Il s'écria, en s'étalant sur la gorge de la fille sa voisine:

– Par saint Voult-de-Lucques, que le peuple appelle saint Goguelu, je suis parfaitement heureux. J'ai là devant moi un imbécile qui me regarde avec la mine glabre d'un archiduc. En voici un à ma gauche qui a les dents si longues qu'elles lui cachent le menton. Et puis je suis comme le maréchal de Gié au siège de Pontoise, j'ai ma droite appuyée à un mamelon. – Ventre-Mahom! camarade! tu as l'air d'un marchand d'esteufs, et tu viens t'asseoir auprès de moi! Je suis noble, l'ami. La marchandise est incompatible avec la noblesse!. Va-t'en de là. – Holàhée! vous autres! ne vous battez pas! Comment, Baptiste Croque-Oison, toi qui as un si beau nez, tu vas le risquer contre les gros poings de ce butor! Imbécile! Non cuiquam datum est habere nasum. – Tu es vraiment divine, Jacqueline Ronge-Oreille! c'est dommage que tu n'aies pas de cheveux. – Holà! je m'appelle Jehan Frollo, et mon frère est archidiacre. Que le diable l'emporte! Tout ce que je vous dis est la vérité. En me faisant truand, j'ai renoncé de gaieté de coeur à la moitié d'une maison située dans le paradis que mon frère m'avait promise. Dimidiam domum in paradiso. Je cite le texte. J'ai un fief rue Tirechappe, et toutes les femmes sont amoureuses de moi, aussi vrai qu'il est vrai que saint Eloy était un excellent orfèvre, et que les cinq métiers de la bonne ville de Paris sont les tanneurs, les mégissiers, les baudroyeurs, les boursiers et les sueurs, et que saint Laurent a été brûlé avec des coquilles d'oeufs. Je vous jure, camarades,

Que je ne beuvrai de piment

Devant un an, si je cy ment!

Ma charmante, il fait clair de lune, regarde donc là-bas par le soupirail comme le vent chiffonne les nuages! Ainsi je fais ta gorgerette. – Les filles! mouchez les enfants et les chandelles. – Christ et Mahom! qu'est-ce que je mange là, Jupiter! Ohé! la matrulle! les cheveux qu'on ne trouve pas sur la tête de tes ribaudes, on les retrouve dans tes omelettes. La vieille! j'aime les omelettes chauves. Que le diable te fasse camuse! – Belle hôtellerie de Belzébuth où les ribaudes se peignent avec les fourchettes!

Cela dit, il brisa son assiette sur le pavé et se mit à chanter à tue-tête:

Et je n'ai, moi.

Par la sang-Dieu!

Ni foi, ni loi.

Ni feu, ni lieu.

Ni roi,

Ni Dieu!

Cependant, Clopin Trouillefou avait fini sa distribution d'armes. Il s'approcha de Gringoire qui paraissait plongé dans une profonde rêverie, les pieds sur un chenet. – L'ami Pierre, dit le roi de Thunes, à quoi diable penses-tu?

Gringoire se retourna vers lui avec un sourire mélancolique: – J'aime le feu, mon cher seigneur. Non par la raison triviale que le feu réchauffe nos pieds ou cuit notre soupe, mais parce qu'il a des étincelles. Quelquefois je passe des heures à regarder les étincelles. Je découvre mille choses dans ces étoiles qui saupoudrent le fond noir de l'âtre. Ces étoiles-là aussi sont des mondes.

– Tonnerre si je te comprends! dit le truand. Sais-tu quelle heure il est?

– Je ne sais pas, répondit Gringoire.

Clopin s'approcha alors du duc d'Égypte.

– Camarade Mathias, le quart d'heure n'est pas bon. On dit le roi Louis onzième à Paris.

– Raison de plus pour lui tirer notre soeur des griffes, répondit le vieux bohémien.

– Tu parles en homme, Mathias, dit le roi de Thunes. D'ailleurs nous ferons lestement. Pas de résistance à craindre dans l'église. Les chanoines sont des lièvres, et nous sommes en force. Les gens du parlement seront bien attrapés demain quand ils viendront la chercher! Boyaux du pape! je ne veux pas qu'on pende la jolie fille!

Clopin sortit du cabaret.

Pendant ce temps-là, Jehan s'écriait d'une voix enrouée: – Je bois, je mange, je suis ivre, je suis Jupiter! – Eh! Pierre l'Assommeur, si tu me regardes encore comme cela, je vais t'épousseter le nez avec des chiquenaudes.

De son côté Gringoire, arraché de ses méditations, s'était mis à considérer la scène fougueuse et criarde qui l'environnait en murmurant entre ses dents: Luxuriosa res vinum et tumultuosa ebrietas. Hélas! que j'ai bien raison de ne pas boire, et que saint Benoît dit excellemment: Vinum apostatare facit etiam sapientes.

En ce moment Clopin rentra et cria d'une voix de tonnerre: Minuit!

À ce mot, qui fit l'effet du boute-selle sur un régiment en halte, tous les truands, hommes, femmes, enfants, se précipitèrent en foule hors de la taverne avec un grand bruit d'armes et de ferrailles.

La lune s'était voilée.

La Cour des Miracles était tout à fait obscure. Il n'y avait pas une lumière. Elle était pourtant loin d'être déserte. On y distinguait une foule d'hommes et de femmes qui se parlaient bas. On les entendait bourdonner, et l'on voyait reluire toutes sortes d'armes dans les ténèbres. Clopin monta sur une grosse pierre. – À vos rangs, l'Argot! cria-t-il. À vos rangs, l'Égypte! À vos rangs, Galilée! Un mouvement se fit dans l'ombre. L'immense multitude parut se former en colonne. Après quelques minutes, le roi de Thunes éleva encore la voix: – Maintenant, silence pour traverser Paris! Le mot de passe est: Petite flambe en baguenaud! On n'allumera les torches qu'à Notre-Dame! En marche!

Dix minutes après, les cavaliers du guet s'enfuyaient épouvantés devant une longue procession d'hommes noirs et silencieux qui descendait vers le Pont-au-Change, à travers les rues tortueuses qui percent en tous sens le massif quartier des Halles.

IV

UN MALADROIT AMI

CETTE même nuit, Quasimodo ne dormait pas. Il venait de faire sa dernière ronde dans l'église. Il n'avait pas remarqué, au moment où il en fermait les portes, que l'archidiacre était passé près de lui et avait témoigné quelque humeur en le voyant verrouiller et cadenasser avec soin l'énorme armature de fer qui donnait à leurs larges battants la solidité d'une muraille. Dom Claude avait l'air encore plus préoccupé qu'à l'ordinaire. Du reste, depuis l'aventure nocturne de la cellule, il maltraitait constamment Quasimodo; mais il avait beau le rudoyer, le frapper même quelquefois, rien n'ébranlait la soumission, la patience, la résignation dévouée du fidèle sonneur. De la part de l'archidiacre il souffrait tout, injures, menaces, coups, sans murmurer un reproche, sans pousser une plainte. Tout au plus le suivait-il des yeux avec inquiétude quand dom Claude montait l'escalier de la tour, mais l'archidiacre s'était de lui-même abstenu de reparaître aux yeux de l'égyptienne.

Cette nuit-là donc, Quasimodo, après avoir donné un coup d'oeil à ses pauvres cloches si délaissées, à Jacqueline, à Marie, à Thibauld, était monté jusque sur le sommet de la tour septentrionale, et là, posant sur les plombs sa lanterne sourde bien fermée, il s'était mis à regarder Paris. La nuit, nous l'avons déjà dit, était fort obscure. Paris, qui n'était, pour ainsi dire, pas éclairé à cette époque, présentait à l'oeil un amas confus de masses noires, coupé çà et là par la courbe blanchâtre de la Seine. Quasimodo n'y voyait plus de lumière qu'à une fenêtre d'un édifice éloigné dont le vague et sombre profil se dessinait bien au-dessus des toits, du côté de la Porte Saint-Antoine. Là aussi il y avait quelqu'un qui veillait.

Tout en laissant flotter dans cet horizon de brume et de nuit son unique regard, le sonneur sentait au dedans de lui-même une inexprimable inquiétude. Depuis plusieurs jours il était sur ses gardes. Il voyait sans cesse rôder autour de l'église des hommes à mine sinistre qui ne quittaient pas des yeux l'asile de la jeune fille. Il songeait qu'il se tramait peut-être quelque complot contre la malheureuse réfugiée. Il se figurait qu'il y avait une haine populaire sur elle comme il y en avait une sur lui, et qu'il se pourrait bien qu'il arrivât bientôt quelque chose. Aussi se tenait-il sur son clocher, aux aguets, rêvant dans son rêvoir, comme dit Rabelais, l'oeil tour à tour sur la cellule et sur Paris, faisant sûre garde, comme un bon chien, avec mille défiances dans l'esprit.

Tout à coup, tandis qu'il scrutait la grande ville de cet oeil que la nature, par une sorte de compensation, avait fait si perçant qu'il pouvait presque suppléer aux autres organes qui manquaient à Quasimodo, il lui parut que la silhouette du quai de la Vieille-Pelleterie avait quelque chose de singulier, qu'il y avait un mouvement sur ce point, que la ligne du parapet détachée en noir sur la blancheur de l'eau n'était pas droite et tranquille semblablement à celle des autres quais, mais qu'elle ondulait au regard comme les vagues d'un fleuve ou comme les têtes d'une foule en marche.

Cela lui parut étrange. Il redoubla d'attention. Le mouvement semblait venir vers la Cité. Aucune lumière d'ailleurs. Il dura quelque temps sur le quai, puis il s'écoula peu à peu, comme si ce qui passait entrait dans l'intérieur de l'île, puis il cessa tout à fait, et la ligne du quai redevint droite et immobile.

Au moment où Quasimodo s'épuisait en conjectures, il lui sembla que le mouvement reparaissait dans la rue du Parvis qui se prolonge dans la Cité perpendiculairement à la façade de Notre-Dame. Enfin, si épaisse que fût l'obscurité, il vit une tête de colonne déboucher par cette rue et en un instant se répandre dans la place une foule dont on ne pouvait rien distinguer dans les ténèbres sinon que c'était une foule.

Ce spectacle avait sa terreur. Il est probable que cette procession singulière, qui semblait si intéressée à se dérober sous une profonde obscurité, ne gardait pas un silence moins profond. Cependant un bruit quelconque devait s'en échapper, ne fût-ce qu'un piétinement. Mais ce bruit n'arrivait même pas à notre sourd, et cette grande multitude, dont il voyait à peine quelque chose et dont il n'entendait rien, s'agitant et marchant néanmoins si près de lui, lui faisait l'effet d'une cohue de morts, muette, impalpable, perdue dans une fumée. Il lui semblait voir s'avancer vers lui un brouillard plein d'hommes, voir remuer des ombres dans l'ombre.

Alors ses craintes lui revinrent, l'idée d'une tentative contre l'égyptienne se représenta à son esprit. Il sentit confusément qu'il approchait d'une situation violente. En ce moment critique, il tint conseil en lui-même avec un raisonnement meilleur et plus prompt qu'on ne l'eût attendu d'un cerveau si mal organisé. Devait-il éveiller l'égyptienne? la faire évader? Par où? les rues étaient investies, l'église était acculée à la rivière. Pas de bateau! pas d'issue! – Il n'y avait qu'un parti, se faire tuer au seuil de Notre-Dame, résister du moins jusqu'à ce qu'il vînt un secours, s'il en devait venir, et ne pas troubler le sommeil de la Esmeralda. La malheureuse serait toujours éveillée assez tôt pour mourir. Cette résolution une fois arrêtée, il se mit à examiner l'ennemi avec plus de tranquillité.

La foule semblait grossir à chaque instant dans le Parvis. Seulement il présuma qu'elle ne devait faire que fort peu de bruit, puisque les fenêtres des rues et de la place restaient fermées. Tout à coup une lumière brilla, et en un instant sept ou huit torches allumées se promenèrent sut les têtes, en secouant dans l'ombre leurs touffes de flammes. Quasimodo vit alors distinctement moutonner dans le Parvis un effrayant troupeau d'hommes et de femmes en haillons, armés de faulx, de piques, de serpes, de pertuisanes dont les mille pointes étincelaient. «à et là, des fourches noires faisaient des cornes à ces faces hideuses. Il se ressouvint vaguement de cette populace, et crut reconnaître toutes les têtes qui l'avaient, quelques mois auparavant, salué pape des fous. Un homme qui tenait une torche d'une main et une boullaye de l'autre monta sur une borne et parut haranguer. En même temps l'étrange armée fit quelques évolutions comme si elle prenait poste autour de l'église. Quasimodo ramassa sa lanterne et descendit sur la plate-forme d'entre les tours pour voir de plus près et aviser aux moyens de défense.

Clopin Trouillefou, arrivé devant le haut portail de Notre-Dame, avait en effet rangé sa troupe en bataille. Quoiqu'il ne s'attendît à aucune résistance, il voulait, en général prudent, conserver un ordre qui lui permît de faire front au besoin contre une attaque subite du guet ou des onze-vingts. Il avait donc échelonné sa brigade de telle façon que, vue de haut et de loin, vous eussiez dit le triangle romain de la bataille d'Ecnome, la tête-de-porc d'Alexandre, ou le fameux coin de Gustave-Adolphe. La base de ce triangle s'appuyait au fond de la place, de manière à barrer la rue du Parvis; un des côtés regardait l'Hôtel-Dieu, l'autre la rue Saint-Pierre-aux-Boeufs. Clopin Trouillefou s'était placé au sommet, avec le duc d'Égypte, notre ami Jehan, et les sabouleux les plus hardis.

Ce n'était point chose très rare dans les villes du moyen-âge qu'une entreprise comme celle que les truands tentaient en ce moment sur Notre-Dame. Ce que nous nommons aujourd'hui police n'existait pas alors. Dans les cités populeuses, dans les capitales surtout, pas de pouvoir central, un, régulateur. La féodalité avait construit ces grandes communes d'une façon bizarre. Une cité était un assemblage de mille seigneuries qui la divisaient en compartiments de toutes formes et de toutes grandeurs. De là mille polices contradictoires, c'est-à-dire pas de police. À Paris, par exemple, indépendamment des cent quarante et un seigneurs prétendant censive, il y en avait vingt-cinq prétendant justice et censive, depuis l'évêque de Paris, qui avait cent cinq rues, jusqu'au prieur de Notre-Dame des Champs, qui en avait quatre. Tous ces justiciers féodaux ne reconnaissaient que nominalement l'autorité suzeraine du roi. Tous avaient droit de voirie. Tous étaient chez eux. Louis XI, cet infatigable ouvrier qui a si largement commencé la démolition de l'édifice féodal, continuée par Richelieu et Louis XIV au profit de la royauté, et achevée par Mirabeau au profit du peuple, Louis XI avait bien essayé de crever ce réseau de seigneuries qui recouvrait Paris, en jetant violemment tout au travers deux ou trois ordonnances de police générale. Ainsi, en 1465, ordre aux habitants, la nuit venue, d'illuminer de chandelles leurs croisées, et d'enfermer leurs chiens, sous peine de la hart; même année, ordre de fermer le soir les rues avec des chaînes de fer, et défense de porter dagues ou armes offensives la nuit dans les rues. Mais, en peu de temps, tous ces essais de législation communale tombèrent en désuétude. Les bourgeois laissèrent le vent éteindre leurs chandelles à leurs fenêtres, et leurs chiens errer; les chaînes de fer ne se tendirent qu'en état de siège; la défense de porter dagues n'amena d'autres changements que le nom de la rue Coupe-Gueule au nom de rue Coupe-Gorge, ce qui est un progrès évident. Le vieil échafaudage des juridictions féodales resta debout; immense entassement de bailliages et de seigneuries se croisant sur la ville, se gênant, s'enchevêtrant, s'emmaillant de travers, s'échancrant les uns les autres; inutile taillis de guets, de sous-guets et de contre-guets, à travers lequel passaient à main armée le brigandage, la rapine et la sédition. Ce n'était donc pas, dans ce désordre, un événement inouï que ces coups de main d'une partie de la populace sur un palais, sur un hôtel, sur une maison, dans les quartiers les plus peuplés. Dans la plupart des cas, les voisins ne se mêlaient de l'affaire que si le pillage arrivait jusque chez eux. Ils se bouchaient les oreilles à la mousquetade, fermaient leurs volets, barricadaient leurs portes, laissaient le débat se vider avec ou sans le guet, et le lendemain on se disait dans Paris: – Cette nuit, Étienne Barbette a été forcé. – Le maréchal de Clermont a été pris au corps, etc. – Aussi, non seulement les habitations royales, le Louvre, le Palais, la Bastille, les Tournelles, mais les résidences simplement seigneuriales, le Petit-Bourbon, l'Hôtel de Sens, l'Hôtel d'Angoulême, etc., avaient leurs créneaux aux murs et leurs mâchicoulis au-dessus des portes. Les églises se gardaient par leur sainteté. Quelques-unes pourtant, du nombre desquelles n'était pas Notre-Dame, étaient fortifiées. L'abbé de Saint-Germain-des-Prés était crénelé comme un baron, et il y avait chez lui encore plus de cuivre dépensé en bombardes qu'en cloches. On voyait encore sa forteresse en 1610. Aujourd'hui il reste à peine son église.

Revenons à Notre-Dame.

Quand les premières dispositions furent terminées, et nous devons dire à l'honneur de la discipline truande que les ordres de Clopin furent exécutés en silence et avec une admirable précision, le digne chef de la bande monta sur le parapet du Parvis et éleva sa voix rauque et bourrue, se tenant tourné vers Notre-Dame et agitant sa torche dont la lumière, tourmentée par le vent et voilée à tout moment de sa propre fumée, faisait paraître et disparaître aux yeux la rougeâtre façade de l'église.

– À toi, Louis de Beaumont, évêque de Paris, conseiller en la cour de parlement, moi Clopin Trouillefou, roi de Thunes, grand coësre, prince de l'argot, évêque des fous, je dis: – Notre soeur, faussement condamnée pour magie, s'est réfugiée dans ton église; tu lui dois asile et sauvegarde; or la cour de parlement l'y veut reprendre, et tu y consens; si bien qu'on la pendrait demain en Grève si Dieu et les truands n'étaient pas là. Donc nous venons à toi, évêque. Si ton église est sacrée, notre soeur l'est aussi; si notre soeur n'est pas sacrée, ton église ne l'est pas non plus. C'est pourquoi nous te sommons de nous rendre la fille si tu veux sauver ton église, ou que nous reprendrons la fille et que nous pillerons l'église. Ce qui sera bien. En foi de quoi, je plante cy ma bannière, et Dieu te soit en garde, évêque de Paris!

Quasimodo malheureusement ne put entendre ces paroles prononcées avec une sorte de majesté sombre et sauvage. Un truand présenta sa bannière à Clopin, qui la planta solennellement entre deux pavés. C'était une fourche aux dents de laquelle pendait, saignant, un quartier de charogne.

Cela fait, le roi de Thunes se retourna et promena ses yeux sur son armée, farouche multitude où les regards brillaient presque autant que les piques. Après une pause d'un instant: – En avant, fils! cria-t-il. À la besogne, les hutins!

Trente hommes robustes, à membres carrés, à face de serruriers, sortirent des rangs, avec des marteaux, des pinces et des barres de fer sur leurs épaules. Ils se dirigèrent vers la principale porte de l'église, montèrent le degré, et bientôt on les vit tous accroupis sous l'ogive, travaillant la porte de pinces et de leviers. Une foule de truands les suivit pour les aider ou les regarder. Les onze marches du portail en étaient encombrées.

Cependant la porte tenait bon. – Diable! elle est dure et têtue! disait l'un. – Elle est vieille, et elle a les cartilages racornis, disait l'autre. – Courage, camarades! reprenait Clopin. Je gage ma tête contre une pantoufle que vous aurez ouvert la porte, pris la fille et déshabillé le maître-autel avant qu'il y ait un bedeau de réveillé. Tenez! je crois que la serrure se détraque.

Clopin fut interrompu par un fracas effroyable qui retentit en ce moment derrière lui. Il se retourna. Une énorme poutre venait de tomber du ciel, elle avait écrasé une douzaine de truands sur le degré de l'église, et rebondissait sur le pavé avec le bruit d'une pièce de canon, en cassant encore çà et là des jambes dans la foule des gueux qui s'écartaient avec des cris d'épouvante. En un clin d'oeil l'enceinte réservée du Parvis fut vide. Les hutins, quoique protégés par les profondes voussures du portail, abandonnèrent la porte, et Clopin lui-même se replia à distance respectueuse de l'église.

– Je l'ai échappé belle! criait Jehan. J'en ai senti le vent, tête-boeuf! Mais Pierre l'Assommeur est assommé! Il est impossible de dire quel étonnement mêlé d'effroi tomba avec cette poutre sur les bandits. Ils restèrent quelques minutes les yeux fixés en l'air, plus consternés de ce morceau de bois que de vingt mille archers du roi. – Satan! grommela le duc d'Égypte, voilà qui flaire la magie – C'est la lune qui nous jette cette bûche, dit Andry le Rouge. – Avec cela, reprit François Chanteprune, qu'on dit la lune amie de la Vierge! –

Mille papes! s'écria Clopin, vous êtes tous des imbéciles! – Mais il ne savait comment expliquer la chute du madrier.

Cependant on ne distinguait rien sur la façade, au sommet de laquelle la clarté des torches n'arrivait pas. Le pesant madrier gisait au milieu du Parvis, et l'on entendait les gémissements des misérables qui avaient reçu son premier choc et qui avaient eu le ventre coupé en deux sur l'angle des marches de pierre.

Le roi de Thunes, le premier étonnement passé, trouva enfin une explication qui sembla plausible à ses compagnons.

– Gueule-Dieu! est-ce que les chanoines se défendent? Alors à sac! à sac!

– À sac! répéta la cohue avec un hourra furieux. Et il se fit une décharge d'arbalètes et de hacquebutes sur la façade de l'église.

À cette détonation, les paisibles habitants des maisons circonvoisines se réveillèrent, on vit plusieurs fenêtres s'ouvrir, et des bonnets de nuit et des mains tenant des chandelles apparurent aux croisées. – Tirez aux fenêtres! cria Clopin. – Les fenêtres se refermèrent sur-le-champ, et les pauvres bourgeois, qui avaient à peine eu le temps de jeter un regard effaré sur cette scène de lueurs et de tumultes, s'en revinrent suer de peur près de leurs femmes, se demandant si le sabbat se tenait maintenant dans le Parvis Notre-Dame, ou s'il y avait assaut de bourguignons comme en 64. Alors les maris songeaient au vol, les femmes au viol, et tous tremblaient.

– À sac! répétaient les argotiers. Mais ils n'osaient approcher. Ils regardaient l'église, ils regardaient le madrier. Le madrier ne bougeait pas. L'édifice conservait son air calme et désert, mais quelque chose glaçait les truands.

– À l'oeuvre donc, les hutins! cria Trouillefou. Qu'on force la porte.

Personne ne fit un pas.

– Barbe et ventre! dit Clopin, voilà des hommes qui ont peur d'une solive.

Un vieux hutin lui adressa la parole.

– Capitaine, ce n'est pas la solive qui nous ennuie, c'est la porte qui est toute cousue de barres de fer. Les pinces n'y peuvent rien.

– Que vous faudrait-il donc pour l'enfoncer? demanda Clopin.

– Ah! il nous faudrait un bélier.

Le roi de Thunes courut bravement au formidable madrier et mit le pied dessus. – En voilà un, cria-t-il; ce sont les chanoines qui vous l'envoient. – Et faisant un salut dérisoire du côté de l'église: – Merci, chanoines!

Cette bravade fit bon effet, le charme du madrier était rompu. Les truands reprirent courage; bientôt la lourde poutre, enlevée comme une plume par deux cents bras vigoureux, vint se jeter avec furie sur la grande porte qu'on avait déjà essayé d'ébranler. À voir ainsi, dans le demi-jour que les rares torches des truands répandaient sur la place, ce long madrier porté par cette foule d'hommes qui le précipitaient en courant sur l'église, on eût cru voir une monstrueuse bête à mille pieds attaquant tête baissée la géante de pierre.

Au choc de la poutre, la porte à demi métallique résonna comme un immense tambour; elle ne se creva point, mais la cathédrale tout entière tressaillit, et l'on entendit gronder les profondes cavités de l'édifice. Au même instant, une pluie de grosses pierres commença à tomber du haut de la façade sur les assaillants. – Diable! cria Jehan, est-ce que les tours nous secouent leurs balustrades sur la tête? Mais l'élan était donné, le roi de Thunes payait d'exemple, c'était décidément l'évêque qui se défendait, et l'on n'en battit la porte qu'avec plus de rage, malgré les pierres qui éclater les crânes à droite et à gauche.

Il est remarquable que ces pierres tombaient toutes une à une; mais elles se suivaient de près. Les argotiers en sentaient toujours deux à la fois, une dans leurs jambes, une sur leurs têtes. Il y en avait peu qui ne portassent coup, et déjà une large couche de morts et de blessés saignait et palpitait sous les pieds des assaillants qui, maintenant furieux, se renouvelaient sans cesse. La longue poutre continuait de battre la porte à temps réguliers comme le mouton d'une cloche, les pierres de pleuvoir, la porte de mugir.

Le lecteur n'en est sans doute point à deviner que cette résistance inattendue qui avait exaspéré les truands venait de Quasimodo.

Le hasard avait par malheur servi le brave sourd.

Quand il était descendu sur la plate-forme d'entre les tours, ses idées étaient en confusion dans sa tête. Il avait couru quelques minutes le long de la galerie, allant et venant, comme fou, voyant d'en haut la masse compacte des truands prête à se ruer sur l'église, demandant au diable ou à Dieu de sauver l'égyptienne. La pensée lui était venue de monter au beffroi méridional et de sonner le tocsin; mais avant qu'il eût pu mettre la cloche en branle, avant que la grosse voix de Marie eût pu jeter une seule clameur, la porte de l'église n'avait-elle pas dix fois le temps d'être enfoncée? C'était précisément l'instant où les hutins s'avançaient vers elle avec leur serrurerie. Que faire?

Tout d'un coup, il se souvint que des maçons avaient travaillé tout le jour à réparer le mur, la charpente et la toiture de la tour méridionale. Ce fut un trait de lumière. Le mur était en pierre, la toiture en plomb, la charpente en bois. Cette charpente prodigieuse, si touffue qu'on appelait la forêt.

Quasimodo courut à cette tour. Les chambres inférieures étaient en effet pleines de matériaux. Il y avait des piles de moellons, des feuilles de plomb en rouleaux, des faisceaux de lattes, de fortes solives déjà entaillées par la scie, des tas de gravats. Un arsenal complet.

L'instant pressait. Les pinces et les marteaux travaillaient en bas. Avec une force que décuplait le sentiment du danger, il souleva une des poutres, la plus lourde, la plus longue, il la fit sortir par une lucarne, puis, la ressaisissant du dehors de la tour, il la fit glisser sur l'angle de la balustrade qui entoure la plate-forme, et la lâcha sur l'abîme. L'énorme charpente, dans cette chute de cent soixante pieds, raclant la muraille, cassant les sculptures, tourna plusieurs fois sur elle-même comme une aile de moulin qui s'en irait toute seule à travers l'espace. Enfin elle toucha le sol, l'horrible cri s'éleva, et la noire poutre, en rebondissant sur le pavé, ressemblait à un serpent qui saute.

Quasimodo vit les truands s'éparpiller à la chute du madrier, comme la cendre au souffle d'un enfant. Il profita de leur épouvante, et tandis qu'ils fixaient un regard superstitieux sur la massue tombée du ciel, et qu'ils éborgnaient les saints de pierre du portail avec une décharge de sagettes et de chevrotines, Quasimodo entassait silencieusement des gravats, des pierres, des moellons, jusqu'aux sacs d'outils des maçons, sur le rebord de cette balustrade d'où la poutre s'était déjà élancée.

Aussi, dès qu'ils se mirent à battre la grande porte, la grêle de moellons commença à tomber, et il leur sembla que l'église se démolissait d'elle-même sur leur tête.

Qui eût pu voir Quasimodo en ce moment eût été effrayé. Indépendamment de ce qu'il avait empilé de projectiles sur la balustrade, il avait amoncelé un tas de pierres sur la plate-forme même. Dès que les moellons amassés sur le rebord extérieur furent épuisés, il prit au tas. Alors il se baissait, se relevait, se baissait et se relevait encore, avec une activité incroyable. Sa grosse tête de gnome se penchait par-dessus la balustrade, puis une pierre énorme tombait, puis une autre, puis une autre. De temps en temps il suivait une belle pierre de l'oeil, et, quand elle tuait bien, il disait: Hun!

Cependant les gueux ne se décourageaient pas. Déjà plus de vingt fois l'épaisse porte sur laquelle ils s'acharnaient avait tremblé sous la pesanteur de leur bélier de chêne multipliée par la force de cent hommes. Les panneaux craquaient, les ciselures volaient en éclats, les gonds à chaque secousse sautaient en sursaut sur leurs pitons, les ais se détraquaient, le bois tombait en poudre broyé entre les nervures de fer. Heureusement pour Quasimodo, il y avait plus de fer que de bois.

Il sentait pourtant que la grande porte chancelait. Quoiqu'il n'entendît pas, chaque coup de bélier se répercutait à la fois dans les cavernes de l'église et dans ses entrailles. Il voyait d'en haut les truands, pleins de triomphe et de rage, montrer le poing à la ténébreuse façade, et il enviait, pour l'égyptienne et pour lui, les ailes des hiboux qui s'enfuyaient au-dessus de sa tête par volées.

Sa pluie de moellons ne suffisait pas à repousser les assaillants.

En ce moment d'angoisse, il remarqua, un peu plus bas que la balustrade d'où il écrasait les argotiers, deux longues gouttières de pierre qui se dégorgeaient immédiatement au-dessus de la grande porte. L'orifice interne de ces gouttières aboutissait au pavé de la plate-forme. Une idée lui vint. Il courut chercher un fagot dans son bouge de sonneur, posa sur ce fagot force bottes de lattes et force rouleaux de plomb, munitions dont il n'avait pas encore usé, et, ayant bien disposé ce bûcher devant le trou des deux gouttières, il y mit le feu avec sa lanterne.

Pendant ce temps-là, les pierres ne tombant plus, les truands avaient cessé de regarder en l'air. Les bandits, haletant comme une meute qui force le sanglier dans sa bauge, se pressaient en tumulte autour de la grande porte, toute déformée par le bélier, mais debout encore. Ils attendaient avec un frémissement le grand coup, le coup qui allait l'éventrer. C'était à qui se tiendrait le plus près pour pouvoir s'élancer des premiers, quand elle s'ouvrirait, dans cette opulente cathédrale, vaste réservoir où étaient venues s'amonceler les richesses de trois siècles. Ils se rappelaient les uns aux autres, avec des rugissements de joie et d'appétit, les belles croix d'argent, les belles chapes de brocart, les belles tombes de vermeil, les grandes magnificences du choeur, les fêtes éblouissantes, les Noëls étincelantes de flambeaux, les Pâques éclatantes de soleil, toutes ces solennités splendides où châsses, chandeliers, ciboires, tabernacles, reliquaires, bosselaient les autels d'une croûte d'or et de diamants. Certes, en ce beau moment, cagoux et malingreux, archisuppôts et rifodés, songeaient beaucoup moins à la délivrance de l'égyptienne qu'au pillage de Notre-Dame. Nous croirions même volontiers que pour bon nombre d'entre eux la Esmeralda n'était qu'un prétexte, si des voleurs avaient besoin de prétextes.

Tout à coup, au moment où ils se groupaient pour un dernier effort autour du bélier, chacun retenant son haleine et roidissant ses muscles afin de donner toute sa force au coup décisif, un hurlement, plus épouvantable encore que celui qui avait éclaté et expiré sous le madrier, s'éleva au milieu d'eux. Ceux qui ne criaient pas, ceux qui vivaient encore, regardèrent. – Deux jets de plomb fondu tombaient du haut de l'édifice au plus épais de la cohue. Cette mer d'hommes venait de s'affaisser sous le métal bouillant qui avait fait, aux deux points où il tombait, deux trous noirs et fumants dans la foule, comme ferait de l'eau chaude dans la neige. On y voyait remuer des mourants à demi calcinés et mugissant de douleur. Autour de ces deux jets principaux, il y avait des gouttes de cette pluie horrible qui s'éparpillaient sur les assaillants et entraient dans les crânes comme des vrilles de flamme. C'était un feu pesant qui criblait ces misérables de mille grêlons.

La clameur fut déchirante. Ils s'enfuirent pêle-mêle, jetant le madrier sur les cadavres, les plus hardis comme les plus timides, et le Parvis fut vide une seconde fois.

Tous les yeux s'étaient levés vers le haut de l'église. Ce qu'ils voyaient était extraordinaire. Sur le sommet de la galerie la plus élevée, plus haut que la rosace centrale, il y avait une grande flamme qui montait entre les deux clochers avec des tourbillons d'étincelles, une grande flamme désordonnée et furieuse dont le vent emportait par moments un lambeau dans la fumée. Au-dessous de cette flamme, au-dessous de la sombre balustrade à trèfles de braise, deux gouttières en gueules de monstres vomissaient sans relâche cette pluie ardente qui détachait son ruissellement argenté sur les ténèbres de la façade inférieure. À mesure qu'ils approchaient du sol, les deux jets de plomb liquide s'élargissaient en gerbes, comme l'eau qui jaillit des mille trous de l'arrosoir. Au-dessus de la flamme, les énormes tours, de chacune desquelles on voyait deux faces crues et tranchées, l'une toute noire, l'autre toute rouge, semblaient plus grandes encore de toute l'immensité de l'ombre qu'elles projetaient jusque dans le ciel. Leurs innombrables sculptures de diables et de dragons prenaient un aspect lugubre. La clarté inquiète de la flamme les faisait remuer à l'oeil. Il y avait des guivres qui avaient l'air de rire, des gargouilles qu'on croyait entendre japper, des salamandres qui soufflaient dans le feu, des tarasques qui éternuaient dans la fumée. Et parmi ces monstres ainsi réveillés de leur sommeil de pierre par cette flamme, par ce bruit, il y en avait un qui marchait et qu'on voyait de temps en temps passer sur le front ardent du bûcher comme une chauve-souris devant une chandelle.

Sans doute ce phare étrange allait éveiller au loin le bûcheron des collines de Bicêtre, épouvanté de voir chanceler sur ses bruyères l'ombre gigantesque des tours de Notre-Dame.

Il se fit un silence de terreur parmi les truands, pendant lequel on n'entendit que les cris d'alarme des chanoines enfermés dans leur cloître et plus inquiets que des chevaux dans une écurie qui brûle, le bruit furtif des fenêtres vite ouvertes et plus vite fermées, le remue-ménage intérieur des maisons et de l'Hôtel-Dieu, le vent dans la flamme, le dernier râle des mourants, et le pétillement continu de la pluie de plomb sur le pavé.

Cependant les principaux truands s'étaient retirés sous le porche du logis Gondelaurier, et tenaient conseil. Le duc d'Égypte, assis sur une borne, contemplait avec une crainte religieuse le bûcher fantasmagorique resplendissant à deux cents pieds en l'air. Clopin Trouillefou se mordait ses gros poings avec rage. – Impossible d'entrer! murmurait-il dans ses dents.

– Une vieille église fée! grommelait le vieux bohémien Mathias Hungadi Spicali.

– Par les moustaches du pape! reprenait un narquois grisonnant qui avait servi, voilà des gouttières d'églises qui vous crachent du plomb fondu mieux que les mâchicoulis de Lectoure.

– Voyez-vous ce démon qui passe et repasse devant le feu? s'écriait le duc d'Égypte.

– Pardieu, dit Clopin, c'est le damné sonneur, c'est Quasimodo.

Le bohémien hochait la tête. – Je vous dis, moi, que c'est l'esprit Sabnac, le grand marquis, le démon des fortifications. Il a forme d'un soldat armé, une tête de lion. Quelquefois il monte un cheval hideux. Il change les hommes en pierres dont il bâtit des tours. Il commande à cinquante légions. C'est bien lui. Je le reconnais. Quelquefois il est habillé d'une belle robe d'or figurée à la façon des turcs.

– Où est Bellevigne de l'Étoile? demanda Clopin.

– Il est mort, répondit une truande.

Andry le Rouge riait d'un rire idiot: – Notre-Dame donne de la besogne à l'Hôtel-Dieu, disait-il.

– Il n'y a donc pas moyen de forcer cette porte? s'écria le roi de Thunes en frappant du pied.

Le duc d'Égypte lui montra tristement les deux ruisseaux de plomb bouillant qui ne cessaient de rayer la noire façade, comme deux longues quenouilles de phosphore. – On a vu des églises qui se défendaient ainsi d'elles-mêmes, observa-t-il en soupirant. Sainte-Sophie, de Constantinople, il y a quarante ans de cela, a trois fois de suite jeté à terre le croissant de Mahom en secouant ses dômes, qui sont ses têtes. Guillaume de Paris, qui a bâti celle-ci, était un magicien.

– Faut-il donc s'en aller piteusement comme des laquais de grand'route? dit Clopin. Laisser là notre soeur que ces loups chaperonnés pendront demain!

– Et la sacristie, où il y a des charretées d'or! ajouta un truand dont nous regrettons de ne pas savoir le nom.

– Barbe-Mahom! cria Trouillefou.

– Essayons encore une fois, reprit le truand.

Mathias Hungadi hocha la tête. – Nous n'entrerons pas par la porte. Il faut trouver le défaut de l'armure de la vieille fée. Un trou, une fausse poterne, une jointure quelconque.

– Qui en est? dit Clopin. J'y retourne. – À propos, où est donc le petit écolier Jehan qui était si enferraillé?

– Il est sans doute mort, répondit quelqu'un. On ne l'entend plus rire.

Le roi de Thunes fronça le sourcil.

– Tant pis. Il y avait un brave coeur sous cette ferraille. – Et maître Pierre Gringoire?

– Capitaine Clopin, dit Andry le Rouge, il s'est esquivé que nous n'étions encore qu'au Pont-aux-Changeurs.

Clopin frappa du pied. – Gueule-Dieu! c'est lui qui nous pousse céans, et il nous plante là au beau milieu de la besogne! – Lâche bavard, casqué d'une pantoufle!

– Capitaine Clopin, cria Andry le Rouge, qui regardait dans la rue du Parvis, voilà le petit écolier.

– Loué soit Pluto! dit Clopin. Mais que diable tire-t-il après lui?

C'était Jehan, en effet, qui accourait aussi vite que le lui permettaient ses lourds habits de paladin et une longue échelle qu'il traînait bravement sur le pavé, plus essoufflé qu'une fourmi attelée à un brin d'herbe vingt fois plus long qu'elle.

– Victoire! Te Deum! criait l'écolier. Voilà l'échelle des déchargeurs du port Saint-Landry.

Clopin s'approcha de lui.

– Enfant! que veux-tu faire, corne-Dieu! de cette échelle?

– Je l'ai, répondit Jehan haletant. Je savais où elle était. – Sous le hangar de la maison du lieutenant. – Il y a là une fille que je connais, qui me trouve beau comme un Cupido. – Je m'en suis servi pour avoir l'échelle, et j'ai l'échelle, Pasque-Mahom! – La pauvre fille est venue m'ouvrir toute en chemise.

– Oui, dit Clopin, mais que veux-tu faire de cette échelle?

Jehan le regarda d'un air malin et capable, et fit claquer ses doigts comme des castagnettes. Il était sublime en ce moment. Il avait sur la tête un de ces casques surchargés du quinzième siècle, qui épouvantaient l'ennemi de leurs cimiers chimériques. Le sien était hérissé de dix becs de fer, de sorte que Jehan eût pu disputer la redoutable épithète de δεκέμβολος au navire homérique de Nestor.

– Ce que j'en veux faire, auguste roi de Thunes? Voyez-vous cette rangée de statues qui ont des mines d'imbéciles là-bas au-dessus des trois portails?

– Oui. Eh bien?

– C'est la galerie des rois de France!

– Qu'est-ce que cela me fait? dit Clopin.

– Attendez donc! Il y a au bout de cette galerie une porte qui n'est jamais fermée qu'au loquet, avec cette échelle j'y monte, et je suis dans l'église.

– Enfant, laisse-moi monter le premier.

– Non pas, camarade, c'est à moi l'échelle. Venez, vous serez le second.

– Que Belzébuth t'étrangle! dit le bourru Clopin. Je ne veux être après personne.

– Alors, Clopin, cherche une échelle!

Jehan se mit à courir par la place, tirant son échelle et criant: – À moi les fils!

En un instant l'échelle fut dressée et appuyée à la balustrade de la galerie inférieure, au-dessus d'un des portails latéraux. La foule des truands poussant de grandes acclamations se pressa au bas pour y monter. Mais Jehan maintint son droit et posa le premier le pied sur les échelons. Le trajet était assez long. La galerie des rois de France est élevée aujourd'hui d'environ soixante pieds au-dessus du pavé. Les onze marches du perron l'exhaussaient encore. Jehan montait lentement, assez empêché de sa lourde armure, d'une main tenant l'échelon, de l'autre son arbalète. Quand il fut au milieu de l'échelle il jeta un coup d'oeil mélancolique sur les pauvres argotiers morts, dont le degré était jonché. – Hélas! dit-il, voilà un monceau de cadavres digne du cinquième chant de l'Iliade! – Puis il continua de monter. Les truands le suivaient. Il y en avait un sur chaque échelon. À voir s'élever en ondulant dans l'ombre cette ligne de dos cuirassés, on eût dit un serpent à écailles d'acier qui se dressait contre l'église. Jehan qui faisait la tête et qui sifflait complétait l'illusion.

L'écolier toucha enfin au balcon de la galerie, et l'enjamba assez lestement aux applaudissements de toute la truanderie. Ainsi maître de la citadelle, il poussa un cri de joie, et tout à coup s'arrêta pétrifié. Il venait d'apercevoir, derrière une statue de roi, Quasimodo caché dans les ténèbres, l'oeil étincelant.

Avant qu'un second assiégeant eût pu prendre pied sur la galerie, le formidable bossu sauta à la tête de l'échelle, saisit sans dire une parole le bout des deux montants de ses mains puissantes, les souleva, les éloigna du mur, balança un moment, au milieu des clameurs d'angoisse, la longue et pliante échelle encombrée de truands du haut en bas, et subitement, avec une force surhumaine, rejeta cette grappe d'hommes dans la place. Il y eut un instant où les plus déterminés palpitèrent. L'échelle, lancée en arrière, resta un moment droite et debout et parut hésiter, puis oscilla, puis tout à coup, décrivant un effrayant arc de cercle de quatre-vingts pieds de rayon, s'abattit sur le pavé avec sa charge de bandits plus rapidement qu'un pont-levis dont les chaînes se cassent. Il y eut une immense imprécation, puis tout s'éteignit, et quelques malheureux mutilés se retirèrent en rampant de dessous le monceau de morts.

Une rumeur de douleur et de colère succéda parmi les assiégeants aux premiers cris de triomphe. Quasimodo impassible, les deux coudes appuyés sur la balustrade, regardait. Il avait l'air d'un vieux roi chevelu à sa fenêtre.

Jehan Frollo était, lui, dans une situation critique. Il se trouvait dans la galerie avec le redoutable sonneur, seul, séparé de ses compagnons par un mur vertical de quatre-vingts pieds. Pendant que Quasimodo jouait avec l'échelle, l'écolier avait couru à la poterne qu'il croyait ouverte. Point. Le sourd en entrant dans la galerie l'avait fermée derrière lui, Jehan alors s'était caché derrière un roi de pierre, n'osant souffler, et fixant sur le monstrueux bossu une mine effarée, comme cet homme qui, faisant la cour à la femme du gardien d'une ménagerie, alla un soir à un rendez-vous d'amour, se trompa de mur dans son escalade, et se trouva brusquement tête à tête avec un ours blanc.

Dans les premiers moments le sourd ne prit pas garde à lui; mais enfin il tourna la tête et se redressa tout d'un coup. Il venait d'apercevoir l'écolier.

Jehan se prépara à un rude choc, mais le sourd resta immobile; seulement il était tourné vers l'écolier qu'il regardait.

– Ho! ho! dit Jehan, qu'as-tu à me regarder de cet oeil borgne et mélancolique?

Et en parlant ainsi, le jeune drôle apprêtait sournoisement son arbalète.

– Quasimodo! cria-t-il, je vais changer ton surnom. On t'appellera l'aveugle.

Le coup partit. Le vireton empenné siffla et vint se ficher dans le bras gauche du bossu, Quasimodo ne s'en émut pas plus que d'une égratignure au roi Pharamond. Il porta la main à la sagette, l'arracha de son bras et la brisa tranquillement sur son gros genou. Puis il laissa tomber, plutôt qu'il ne jeta à terre les deux morceaux. Mais Jehan n'eut pas le temps de tirer une seconde fois. La flèche brisée,

Quasimodo souffla bruyamment, bondit comme une sauterelle et retomba sur l'écolier, dont l'armure s'aplatit du coup contre la muraille.

Alors dans cette pénombre où flottait la lumière des torches, on entrevit une chose terrible.

Quasimodo avait pris de la main gauche les deux bras de Jehan qui ne se débattait pas, tant il se sentait perdu. De la droite le sourd lui détachait l'une après l'autre, en silence, avec une lenteur sinistre, toutes les pièces de son armure, l'épée, les poignards, le casque, la cuirasse, les brassards. On eût dit un singe qui épluche une noix. Quasimodo jetait à ses pieds, morceau à morceau, la coquille de fer de l'écolier.

Quand l'écolier se vit désarmé, déshabillé, faible et nu dans ces redoutables mains, il n'essaya pas de parler à ce sourd, mais il se mit à lui rire effrontément au visage, et à chanter, avec son intrépide insouciance d'enfant de seize ans, la chanson alors populaire:

Elle est bien habillée.

La ville de Cambrai.

Marafin l'a pillée...

Il n'acheva pas. On vit Quasimodo debout sur le parapet de la galerie, qui d'une seule main tenait l'écolier par les pieds, en le faisant tourner sur l'abîme comme une fronde. Puis on entendit un bruit comme celui d'une boîte osseuse qui éclate contre un mur, et l'on vit tomber quelque chose qui s'arrêta au tiers de la chute à une saillie de l'architecture. C'était un corps mort qui resta accroché là, plié en deux, les reins brisés, le crâne vide.

Un cri d'horreur s'éleva parmi les truands. – Vengeance! cria Clopin. – À sac! répondit la multitude. – Assaut! assaut! Alors ce fut un hurlement prodigieux où se mêlaient toutes les langues, tous les patois, tous les accents. La mort du pauvre écolier jeta une ardeur furieuse dans cette foule. La honte la prit, et la colère d'avoir été si longtemps tenue en échec devant une église par un bossu. La rage trouva des échelles, multiplia les torches, et au bout de quelques minutes Quasimodo éperdu vit cette épouvantable fourmilière monter de toutes parts à l'assaut de Notre-Dame. Ceux qui n'avaient pas d'échelles avaient des cordes à noeuds, ceux qui n'avaient pas de cordes grimpaient aux reliefs des sculptures. Ils se pendaient aux guenilles les uns des autres. Aucun moyen de résister à cette marée ascendante de faces épouvantables. La fureur faisait rutiler ces figures farouches; leurs fronts terreux ruisselaient de sueur; leurs yeux éclairaient. Toutes ces grimaces, toutes ces laideurs investissaient Quasimodo. On eût dit que quelque autre église avait envoyé à l'assaut de Notre-Dame ses gorgones, ses dogues, ses drées, ses démons, ses sculptures les plus fantastiques. C'était comme une couche de monstres vivants sur les monstres de pierre de la façade.

Cependant, la place s'était étoilée de mille torches. Cette scène désordonnée, jusqu'alors enfouie dans l'obscurité, s'était subitement embrasée de lumière. Le Parvis resplendissait et jetait un rayonnement dans le ciel. Le bûcher allumé sur la haute plate-forme brûlait toujours, et illuminait au loin la ville. L'énorme silhouette des deux tours, développée au loin sur les toits de Paris, faisait dans cette clarté une large échancrure d'ombre. La ville semblait s'être émue. Des tocsins éloignés se plaignaient. Les truands hurlaient, haletaient, juraient, montaient, et Quasimodo, impuissant contre tant d'ennemis, frissonnant pour l'égyptienne, voyant les faces furieuses se rapprocher de plus en plus de sa galerie, demandait un miracle au ciel, et se tordait les bras de désespoir.

V

LE RETRAIT OÙ DIT SES HEURES
MONSIEUR LOUIS DE FRANCE

LE lecteur n'a peut-être pas oublié qu'un moment avant d'apercevoir la bande nocturne des truands, Quasimodo, inspectant Paris du haut de son clocher, n'y voyait plus briller qu'une lumière, laquelle étoilait une vitre à l'étage le plus élevé d'un haut et sombre édifice, à côté de la Porte Saint-Antoine. Cet édifice, c'était la Bastille. Cette étoile, c'était la chandelle de Louis XI.

Le roi Louis XI était en effet à Paris depuis deux jours. Il devait repartir le surlendemain pour sa citadelle de Montilz-lès-Tours. Il ne faisait jamais que de rares et courtes apparitions dans sa bonne ville de Paris, n'y sentant pas autour de lui assez de trappes, de gibets et d'archers écossais.

Il était venu ce jour-là coucher à la Bastille. La grande chambre de cinq toises carrées qu'il avait au Louvre, avec cheminée chargée de douze grosses bêtes et des treize grands prophètes, et son grand lit de onze pieds sur douze lui agréaient peu. Il se perdait dans toutes ces grandeurs. Ce roi bon bourgeois aimait mieux la Bastille avec une chambrette et une couchette. Et puis la Bastille était plus forte que le Louvre.

Cette chambrette que le roi s'était réservée dans la fameuse prison d'état était encore assez vaste et occupait l'étage le plus élevé d'une tourelle engagée dans le donjon. C'était un réduit de forme ronde, tapissé de nattes en paille luisante, plafonné à poutres rehaussées de fleurs de lys d'étain doré avec les entrevous de couleur, lambrissé à riches boiseries semées de rosettes d'étain blanc et peintes de beau vert-gai, fait d'orpin et de florée fine.

Il n'y avait qu'une fenêtre, une longue ogive treillissée de fil d'archal et de barreaux de fer, d'ailleurs obscurcie de belles vitres coloriées aux armes du roi et de la reine, dont le panneau revenait à vingt-deux sols.

Il n'y avait qu'une entrée, une porte moderne, à cintre surbaissé, garnie d'une tapisserie en dedans, et, au dehors, d'un de ces porches de bois d'Irlande, frêles édifices de menuiserie curieusement ouvrée, qu'on voyait encore en quantité de vieux logis il y a cent cinquante ans. «Quoiqu'ils défigurent et embarrassent les lieux, dit Sauval avec désespoir, nos vieillards pourtant ne s'en veulent point défaire et les conservent en dépit d'un chacun.»

On ne trouvait dans cette chambre rien de ce qui meublait les appartements ordinaires, ni bancs, ni tréteaux, ni formes, ni escabelles communes en forme de caisse, ni belles escabelles soutenues de piliers et de contre-piliers à quatre sols la pièce. On n'y voyait qu'une chaise pliante à bras, fort magnifique: le bois en était peint de roses sur fond rouge, le siège de cordouan vermeil, garni de longues franges de soie et piqué de mille clous d'or. La solitude de cette chaise faisait voir qu'une seule personne avait droit de s'asseoir dans la chambre. À côté de la chaise et tout près de la fenêtre, il y avait une table recouverte d'un tapis à figures d'oiseaux. Sur cette table un gallemard taché d'encre, quelques parchemins, quelques plumes, et un hanap d'argent ciselé. Un peu plus loin, un chauffe-doux, un prie-Dieu de velours cramoisi, relevé de bossettes d'or. Enfin au fond un simple lit de damas jaune et incarnat, sans clinquant ni passement; les franges sans façon. C'est ce lit, fameux pour avoir porté le sommeil ou l'insomnie de Louis XI, qu'on pouvait encore contempler, il y a deux cents ans, chez un conseiller d'état, où il a été vu par la vieille madame Pilou, célèbre dans le Cyrus sous le nom d'Arricidie et de la Morale vivante.

Telle était la chambre qu'on appelait «le retrait où dit ses heures monsieur Louis de France».

Au moment où nous y avons introduit le lecteur, ce retrait était fort obscur. Le couvre-feu était sonné depuis une heure, il faisait nuit, et il n'y avait qu'une vacillante chandelle de cire posée sur la table pour éclairer cinq personnages diversement groupés dans la chambre.

Le premier sur lequel tombait la lumière était un seigneur superbement vêtu d'un haut-de-chausses et d'un justaucorps écarlate rayé d'argent, et d'une casaque à mahoîtres de drap d'or à dessins noirs. Ce splendide costume, où se jouait la lumière, semblait glacé de flamme à tous ses plis. L'homme qui le portait avait sur la poitrine ses armoiries brodées de vives couleurs: un chevron accompagné en pointe d'un daim passant. L'écusson était accosté à droite d'un rameau d'olivier, à gauche d'une corne de daim. Cet homme portait à sa ceinture une riche dague dont la poignée de vermeil était ciselée en forme de cimier et surmontée d'une couronne comtale. Il avait l'air mauvais, la mine fière et la tête haute. Au premier coup d'oeil on voyait sur son visage l'arrogance, au second la ruse.

Il se tenait tête nue, une longue pancarte à la main, derrière la chaise à bras sur laquelle était assis, le corps disgracieusement plié en deux, les genoux chevauchant l'un sur l'autre, le coude sur la table, un personnage fort mal accoutré. Qu'on se figure en effet, sur l'opulent cuir de Cordoue, deux rotules cagneuses, deux cuisses maigres pauvrement habillées d'un tricot de laine noire, un torse enveloppé d'un surtout de futaine avec une fourrure dont on voyait moins de poil que de cuir; enfin, pour couronner un vieux chapeau gras du plus méchant drap noir bordé d'un cordon circulaire de figurines de plomb. Voilà, avec une sale calotte qui laissait à peine passer un cheveu, tout ce qu'on distinguait du personnage assis. Il tenait sa tête tellement courbée sur sa poitrine qu'on n'apercevait rien de son visage recouvert d'ombre, si ce n'est le bout de son nez sur lequel tombait un rayon de lumière, et qui devait être long. À la maigreur de sa main ridée on devinait un vieillard. C'était Louis XI.

À quelque distance derrière eux causaient à voix basse deux hommes vêtus à la coupe flamande, qui n'étaient pas assez perdus dans l'ombre pour que quelqu'un de ceux qui avaient assisté à la représentation du mystère de Gringoire n'eût pu reconnaître en eux deux des principaux envoyés flamands, Guillaume Rym, le sagace pensionnaire de Gand, et Jacques Coppenole, le populaire chaussetier. On se souvient que ces deux hommes étaient mêlés à la politique secrète de Louis XI.

Enfin, tout au fond, près de la porte, se tenait debout dans l'obscurité, immobile comme une statue, un vigoureux homme à membres trapus, à harnois militaire, à casaque armoriée, dont la face carrée, percée d'yeux à fleur de tête, fendue d'une immense bouche, dérobant ses oreilles sous deux larges abat-vent de cheveux plats, sans front, tenait à la fois du chien et du tigre.

Tous étaient découverts, excepté le roi.

Le seigneur qui était auprès du roi lui faisait lecture d'une espèce de long mémoire que sa majesté semblait écouter avec attention. Les deux flamands chuchotaient.

– Croix-Dieu! grommelait Coppenole, je suis las d'être debout. Est-ce qu'il n'y a pas de chaise ici?

Rym répondait par un geste négatif, accompagné d'un sourire discret.

– Croix-Dieu! reprenait Coppenole tout malheureux d'être obligé de baisser ainsi la voix, l'envie me démange de m'asseoir à terre, jambes croisées, en chaussetier, comme je fais dans ma boutique.

– Gardez-vous-en bien, maître Jacques!

– Ouais! maître Guillaume! ici l'on ne peut donc être que sur les pieds?

– Ou sur les genoux, dit Rym.

En ce moment la voix du roi s'éleva. Ils se turent.

– Cinquante sols les robes de nos valets, et douze livres les manteaux des clercs de notre couronne! C'est cela! versez l'or à tonnes! Êtes-vous fou, Olivier?

En parlant ainsi, le vieillard avait levé la tête. On voyait reluire à son cou les coquilles d'or du collier de Saint-Michel. La chandelle éclairait en plein son profil décharné et morose. Il arracha le papier des mains de l'autre.

– Vous nous ruinez! cria-t-il en promenant ses yeux creux sur le cahier. Qu'est-ce que tout cela? qu'avons-nous besoin d'une si prodigieuse maison? Deux chapelains à raison de dix livres par mois chacun, et un clerc de chapelle à cent sols! Un valet de chambre à quatre-vingt-dix livres par an! Quatre écuyers de cuisine à six vingts livres par an chacun! Un hasteur, un potager, un saussier, un queux, un sommelier d'armures, deux valets de sommiers à raison de dix livres par mois chaque! Deux galopins de cuisine à huit livres! Un palefrenier et ses deux aides à vingt-quatre livres par mois! Un porteur, un pâtissier, un boulanger, deux charretiers, chacun soixante livres par an! Et le maréchal des forges, six vingts livres! Et le maître de la chambre de nos deniers, douze cents livres, et le contrôleur, cinq cents! – Que sais-je, moi? C'est une furie! Les gages de nos domestiques mettent la France au pillage! Tous les mugots du Louvre fondront à un tel feu de dépense! Nous y vendrons nos vaisselles! Et l'an prochain, si Dieu et Notre-Dame (ici il souleva son chapeau) nous prêtent vie, nous boirons nos tisanes dans un pot d'étain!

En disant cela, il jetait un coup d'oeil sur le hanap d'argent qui étincelait sur la table. Il toussa, et poursuivit:

– Maître Olivier, les princes qui règnent aux grandes seigneuries, comme rois et empereurs, ne doivent pas laisser engendrer la somptuosité en leurs maisons; car de là ce feu court par la province. – Donc, maître Olivier, tiens-toi ceci pour dit. Notre dépense augmente tous les ans. La chose nous déplaît. Comment, pasque-Dieu! jusqu'en 79 elle n'a point passé trente-six mille livres. En 80, elle a atteint mille six cent dix-neuf livres, – j'ai le chiffre en tête, – en 81, soixante-six mille six cent quatre-vingts livres; et cette année, par la foi de mon corps! elle atteindra quatre-vingt mille livres! Doublée en quatre ans! Monstrueux!

Il s'arrêta essoufflé, puis il reprit avec emportement: – Je ne vois autour de moi que gens qui s'engraissent de ma maigreur! Vous me sucez des écus par tous les pores!

Tous gardaient le silence. C'était une de ces colères qu'on laisse aller. Il continua:

– C'est comme cette requête en latin de la seigneurie de France, pour que nous ayons à rétablir ce qu'ils appellent les grandes charges de la couronne! Charges en effet! charges qui écrasent! Ah! messieurs! vous dites que nous ne sommes pas un roi, pour régner dapifero nullo, buticulario nullo! Nous vous le ferons voir, pasque-Dieu! si nous ne sommes pas un roi!

Ici il sourit dans le sentiment de sa puissance, sa mauvaise humeur s'en adoucit, et il se tourna vers les flamands:

– Voyez-vous, compère Guillaume? le grand panetier, le grand bouteillier, le grand chambellan, le grand sénéchal ne valent pas le moindre valet. – Retenez ceci, compère Coppenole; – ils ne servent à rien. À se tenir ainsi inutiles autour du roi, ils me font l'effet des quatre évangélistes qui environnent le cadran de la grande horloge du Palais, et que Philippe Brille vient de remettre à neuf. Ils sont dorés, mais ils ne marquent pas l'heure; et l'aiguille peut se passer d'eux.

– Il demeura un moment pensif, et ajouta en hochant sa vieille tête: – Ho! Ho! par Notre-Dame, je ne suis pas Philippe Brille, et je ne redorerai pas les grands vassaux. Je suis de l'avis du roi Édouard: sauvez le peuple et tuez les seigneurs. – Continue, Olivier.

Le personnage qu'il désignait par ce nom reprit le cahier de ses mains, et se remit à lire à haute voix:

– «... À Adam Tenon, commis à la garde des sceaux de la prévôté de Paris, pour l'argent, façon et gravure desdits sceaux qui ont été faits neufs pour ce que les autres précédents, pour leur antiquité et caduqueté, ne pouvaient plus bonnement servir. – Douze livres parisis.

«À Guillaume Frère, la somme de quatre livres quatre sols parisis, pour ses peines et salaires d'avoir nourri et alimenté les colombes des deux colombiers de l'Hôtel des Tournelles, durant les mois de janvier, février et mars de cette année; et pour ce a donné sept sextiers d'orge.

«À un cordelier, pour confession d'un criminel, quatre sols parisis.»

Le roi écoutait en silence. De temps en temps il toussait. Alors il portait le hanap à ses lèvres et buvait une gorgée en faisant une grimace.

– «En cette année ont été faits par ordonnance de justice à son de trompe par les carrefours de Paris cinquante six cris. – Compte à régler.

«Pour avoir fouillé et cherché en certains endroits, tant dans Paris qu'ailleurs, de la finance qu'on disait y avoir été cachée, mais rien n'y a été trouvé; – quarante-cinq livres parisis.»

– Enterrer un écu pour déterrer un sou! dit le roi.

– «... Pour avoir mis à point, à l'Hôtel des Tournelles, six panneaux de verre blanc à l'endroit où est la cage de fer, treize sols. – Pour avoir fait et livré, par le commandement du roi, le jour des monstres, quatre écussons aux armes dudit seigneur, enchapessés de chapeaux de roses tout à l'entour, six livres. – Pour deux manches neuves au vieil pourpoint du roi, vingt sols. – Pour une boîte de graisse à graisser les bottes du roi, quinze deniers. – Une étable faite de neuf pour loger les pourceaux noirs du roi, trente livres parisis. – Plusieurs cloisons, planches et trappes faites pour enfermer les lions d'emprès Saint-Paul, vingt-deux livres.»

– Voilà des bêtes qui sont chères, dit Louis XI. N'importe! c'est une belle magnificence de roi. Il y a un grand lion roux que j'aime pour ses gentillesses. – L'avez-vous vu, maître Guillaume? – Il faut que les princes aient de ces animaux mirifiques. À nous autres rois, nos chiens doivent être des lions, et nos chats des tigres. Le grand va aux couronnes. Du temps des païens de Jupiter, quand le peuple offrait aux églises cent boeufs et cent brebis, les empereurs donnaient cent lions et cent aigles. Cela était farouche et fort beau. Les rois de France ont toujours eu de ces rugissements autour de leur trône. Néanmoins on me rendra cette justice que j'y dépense encore moins d'argent qu'eux, et que j'ai une plus grande modestie de lions, d'ours, d'éléphants et de léopards. – Allez, maître Olivier. Nous voulions dire cela à nos amis les flamands.

Guillaume Rym s'inclina profondément, tandis que Coppenole, avec sa mine bourrue, avait l'air d'un de ces ours dont parlait sa majesté. Le roi n'y prit pas garde. Il venait de tremper ses lèvres dans le hanap, et recrachait le breuvage en disant: – Pouah! la fâcheuse tisane!- Celui qui lisait continua:

– «Pour nourriture d'un maraud piéton enverrouillé depuis six mois dans la logette de l'écorcherie, en attendant qu'on sache qu'en faire. – Six livres quatre sols.»

– Qu'est cela? interrompit le roi. Nourrir ce qu'il faut pendre! Pasque-Dieu! je ne donnerai plus un sol pour cette nourriture. – Olivier, entendez-vous de la chose avec monsieur d'Estouteville, et dès ce soir faites-moi le préparatif des noces du galant avec une potence. – Reprenez.

Olivier fit une marque avec le pouce à l'article du maraud piéton et passa outre.

– «À Henriet Cousin, maître exécuteur des hautes oeuvres de la justice de Paris, la somme de soixante sols parisis, à lui taxée et ordonnée par monseigneur le prévôt de Paris, pour avoir acheté, de l'ordonnance de mondit sieur le prévôt, une grande épée à feuille servant à exécuter et décapiter les personnes qui par justice sont condamnées pour leurs démérites, et icelle fait garnir de fourreau et de tout ce qui y appartient; et pareillement a fait remettre à point et rhabiller la vieille épée, qui s'était éclatée et ébréchée en faisant la justice de messire Louis de Luxembourg, comme plus à plein peut apparoir...»

Le roi interrompit: – Il suffit. J'ordonnance la somme de grand coeur. Voilà des dépenses où je ne regarde pas. Je n'ai jamais regretté cet argent-là. – Suivez.

– «Pour avoir fait de neuf une grande cage...»

– Ah! dit le roi en prenant de ses deux mains les bras de sa chaise, je savais bien que j'étais venu en cette Bastille pour quelque chose. – Attendez, maître Olivier. Je veux voir moi-même la cage. Vous m'en lirez le coût pendant que je l'examinerai. – Messieurs les flamands, venez voir cela. C'est curieux.

Alors il se leva, s'appuya sur le bras de son interlocuteur, fit signe à l'espèce de muet qui se tenait debout devant la porte de le précéder, aux deux flamands de le suivre, et sortit de la chambre.

La royale compagnie se recruta, à la porte du retrait, d'hommes d'armes tout alourdis de fer, et de minces pages qui portaient des flambeaux. Elle chemina quelque temps dans l'intérieur du sombre donjon, percé d'escaliers et de corridors jusque dans l'épaisseur des murailles. Le capitaine de la Bastille marchait en tête, et faisait ouvrir les guichets devant le vieux roi malade et voûté, qui toussait en marchant.

À chaque guichet, toutes les têtes étaient obligées de se baisser excepté celle du vieillard plié par l'âge. – Hum! disait-il entre ses gencives, car il n'avait plus de dents, nous sommes déjà tout prêt pour la porte du sépulcre. À porte basse, passant courbé.

Enfin, après avoir franchi un dernier guichet si embarrassé de serrures qu'on mit un quart d'heure à l'ouvrir, ils entrèrent dans une haute et vaste salle en ogive, au centre de laquelle on distinguait, à la lueur des torches, un gros cube massif de maçonnerie, de fer et de bois. L'intérieur était creux. C'était une des ces fameuses cages à prisonniers d'état qu'on appelait les fillettes du roi. Il y avait aux parois deux ou trois petites fenêtres, si drument treillissées d'épais barreaux de fer qu'on n'en voyait pas la vitre. La porte était une grande dalle de pierre plate, comme aux tombeaux. De ces portes qui ne servent jamais que pour entrer. Seulement, ici, le mort était un vivant.

Le roi se mit à marcher lentement autour du petit édifice en l'examinant avec soin, tandis que maître Olivier qui le suivait lisait tout haut le mémoire:

– «Pour avoir fait de neuf une grande cage de bois de grosses solives, membrures et sablières, contenant neuf pieds de long sur huit de lé, et de hauteur sept pieds entre deux planchers, lissée et boujonnée à gros boujons de fer, laquelle a été assise en une chambre étant à l'une des tours de la bastide Saint-Antoine, en laquelle cage est mis et détenu, par commandement du roi notre seigneur, un prisonnier qui habitait précédemment une vieille cage caduque et décrépite. – Ont été employées à cette dite cage neuve quatre-vingt-seize solives de couche et cinquante-deux solives debout, dix sablières de trois toises de long; et ont été occupés dix-neuf charpentiers pour équarrir, ouvrer et tailler tout ledit bois en la cour de la Bastille pendant vingt jours...»

– D'assez beaux coeurs de chêne, dit le roi en cognant du poing la charpente.

– «... Il est entré dans cette cage, poursuivit l'autre, deux cent vingt gros boujons de fer, de neuf pieds et de huit, le surplus de moyenne longueur, avec les rouelles, pommelles et contre-bandes servant auxdits boujons, pesant tout ledit fer trois mille sept cent trente-cinq livres; outre huit grosses équières de fer servant à attacher ladite cage, avec les crampons et clous pesant ensemble deux cent dix-huit livres de fer, sans compter le fer des treillis des fenêtres de la chambre où la cage a été posée, les barres de fer de la porte de la chambre, et autres choses...»

– Voilà bien du fer, dit le roi, pour contenir la légèreté d'un esprit!

– «... Le tout revient à trois cent dix-sept livres cinq sols sept deniers.»

– Pasque-Dieu! s'écria le roi.

À ce juron, qui était le favori de Louis XI, il parut que quelqu'un se réveillait dans l'intérieur de la cage, on entendit des chaînes qui en écorchaient le plancher avec bruit, et il s'éleva une voix faible qui semblait sortir de la tombe: – Sire! sire! grâce! – On ne pouvait voir celui qui parlait ainsi.

– Trois cent dix-sept livres cinq sols sept deniers! reprit Louis XI.

La voix lamentable qui était sortie de la cage avait glacé tous les assistants, maître Olivier lui-même. Le roi seul avait l'air de ne pas l'avoir entendue. Sur son ordre, maître Olivier reprit sa lecture, et sa majesté continua froidement l'inspection de la cage.

– «... Outre cela, il a été payé à un maçon qui a fait les trous pour poser les grilles des fenêtres, et le plancher de la chambre où est la cage, parce que le plancher n'eût pu porter cette cage à cause de sa pesanteur, vingt-sept livres quatorze sols parisis.»

La voix recommença à gémir:

– Grâce! sire! Je vous jure que c'est monsieur le cardinal d'Angers qui a fait la trahison, et non pas moi.

– Le maçon est rude! dit le roi. Continue, Olivier.

Olivier continua:

– «... À un menuisier, pour fenêtres, couches, selle percée et autres choses, vingt livres deux sols parisis...»

La voix continuait aussi:

– Hélas! sire! ne m'écouterez-vous pas? Je vous proteste que ce n'est pas moi qui ai écrit la chose à monseigneur de Guyenne, mais monsieur le cardinal La Balue!

– Le menuisier est cher, observa le roi. – Est-ce tout?

– Non, sire. – «... À un vitrier, pour les vitres de ladite chambre, quarante-six sols huit deniers parisis.»

– Faites grâce, sire! N'est-ce donc pas assez qu'on ait donné tous mes biens à mes juges, ma vaisselle à monsieur de Torcy, ma librairie à maître Pierre Doriolle, ma tapisserie au gouverneur du Roussillon? Je suis innocent. Voilà quatorze ans que je grelotte dans une cage de fer. Faites grâce, sire! vous retrouverez cela dans le ciel.

– Maître Olivier, dit le roi, le total?

– Trois cent soixante-sept livres huit sols trois deniers parisis.

– Notre-Dame! cria le roi. Voilà une cage outrageuse!

Il arracha le cahier des mains de maître Olivier, et se mit à compter lui-même sur ses doigts, en examinant tour à tour le papier et la cage. Cependant on entendait sangloter le prisonnier. Cela était lugubre dans l'ombre, et les visages se regardaient en pâlissant.

– Quatorze ans, sire! voilà quatorze ans! depuis le mois d'avril 1469. Au nom de la sainte mère de Dieu, sire, écoutez-moi! Vous avez joui tout ce temps de la chaleur du soleil. Moi, chétif, ne verrai-je plus jamais le jour? Grâce, sire! Soyez miséricordieux. La clémence est une belle vertu royale qui rompt les courantes de la colère. Croit-elle, votre majesté, que ce soit à l'heure de la mort un grand contentement pour un roi, de n'avoir laissé aucune offense impunie? D'ailleurs, sire, je n'ai point trahi votre majesté; c'est monsieur d'Angers. Et j'ai au pied une bien lourde chaîne, et une grosse boule de fer au bout, beaucoup plus pesante qu'il n'est de raison. Hé! sire! ayez pitié de moi!

– Olivier, dit le roi en hochant la tête, je remarque qu'on me compte le muid de plâtre à vingt sols, qui n'en vaut que douze. Vous referez ce mémoire.

Il tourna le dos à la cage, et se mit en devoir de sortir de la chambre. Le misérable prisonnier, à l'éloignement des flambeaux et du bruit, jugea que le roi s'en allait. – Sire! sire! cria-t-il avec désespoir. La porte se referma. Il ne vit plus rien, et n'entendit plus que la voix rauque du guichetier, qui lui chantait aux oreilles la chanson:

Maître Jean Balue

A perdu la vue

De ses évêchés;

Monsieur de Verdun

N'en a plus pas un;

Tous sont dépêchés.

Le roi remontait en silence à son retrait, et son cortège le suivait, terrifié des derniers gémissements du condamné. Tout à coup, sa majesté se tourna vers le gouverneur de la Bastille. – À propos, dit-elle, n'y avait-il pas quelqu'un dans cette cage?

– Pardieu, sire! répondit le gouverneur stupéfait de la question.

– Et qui donc?

– Monsieur l'évêque de Verdun.

Le roi savait cela mieux que personne. Mais c'était une manie.

– Ah! dit-il avec l'air naïf d'y songer pour la première fois, Guillaume de Harancourt, l'ami de monsieur le cardinal La Balue. Un bon diable d'évêque!

Au bout de quelques instants, la porte du retrait s'était rouverte, puis reclose sur les cinq personnages que le lecteur y a vus au commencement de ce chapitre, et qui y avaient repris leurs places, leurs causeries à demi-voix, et leurs attitudes.

Pendant l'absence du roi, on avait déposé sur sa table quelques dépêches, dont il rompit lui-même le cachet. Puis il se mit à les lire promptement l'une après l'autre, fit signe à maître Olivier, qui paraissait avoir près de lui office de ministre, de prendre une plume, et, sans lui faire part au contenu des dépêches, commença à lui en dicter à voix basse les réponses, que celui-ci écrivait, assez incommodément agenouillé devant la table.

Guillaume Rym observait.

Le roi parlait si bas, que les flamands n'entendaient rien de sa dictée, si ce n'est çà et là quelques lambeaux isolés et peu intelligibles comme: – ... Maintenir les lieux fertiles par le commerce, les stériles par les manufactures... Faire voir aux seigneurs anglais nos quatre bombardes, la Londres, la Brabant, la Bourg-en-Bresse, la Saint-Omer... – L'artillerie est cause que la guerre se fait maintenant plus judicieusement... – À M. de Bressuire, notre ami... – Les armées ne s'entretiennent sans les tributs... – Etc.

Une fois il haussa la voix: – Pasque-Dieu! monsieur le roi de Sicile scelle ses lettres sur cire jaune, comme un roi de France. Nous avons peut-être tort de le lui permettre. Mon beau cousin de Bourgogne ne donnait pas d'armoiries à champ de gueules. La grandeur des maisons s'assure en l'intégrité des prérogatives. Note ceci, compère Olivier.

Une autre fois: – Oh! oh! dit-il, le gros message! Que nous réclame notre frère l'empereur? – Et parcourant des yeux la missive en coupant sa lecture d'interjections: – Certes! les Allemagnes sont si grandes et puissantes qu'il est à peine croyable. – Mais nous n'oublions pas le vieux proverbe: La plus belle comté est Flandre; la plus belle duché, Milan; le plus beau royaume, France. – N'est-ce pas, messieurs les flamands?

Cette fois, Coppenole s'inclina avec Guillaume Rym. Le patriotisme du chaussetier était chatouillé.

Une dernière dépêche fit froncer le sourcil à Louis XI. – Qu'est cela? s'écria-t-il. Des plaintes et quérimonies contre nos garnisons de Picardie! Olivier, écrivez en diligence à M. le maréchal de Rouault. – Que les disciplines se relâchent. – Que les gendarmes des ordonnances, les nobles de ban, les francs-archers, les suisses, font des maux infinis aux manants. – Que l'homme de guerre, ne se contentant pas des biens qu'il trouve en la maison des laboureurs, les contraint, à grands coups de bâton ou de voulge, à aller quérir du vin à la ville, du poisson, des épiceries, et autres choses excessives. – Que monsieur le roi sait cela. – Que nous entendons garder notre peuple des inconvénients, larcins et pilleries. – Que c'est notre volonté, par Notre-Dame! – Qu'en outre, il ne nous agrée pas qu'aucun ménétrier, barbier, ou valet de guerre, soit vêtu comme prince, de velours, de drap de soie et d'anneaux d'or. – Que ces vanités sont haineuses à Dieu. – Que nous nous contentons, nous qui sommes gentilhomme, d'un pourpoint de drap à seize sols l'aune de Paris. – Que messieurs les goujats peuvent bien se rabaisser jusque-là, eux aussi. – Mandez et ordonnez. – À monsieur de Rouault, notre ami. – Bien.

Il dicta cette lettre à haute voix, d'un ton ferme et par saccades. Au moment où il achevait, la porte s'ouvrit et donna passage à un nouveau personnage, qui se précipita tout effaré dans la chambre en criant: – Sire! sire! il y a une sédition de populaire dans Paris!

La grave figure de Louis XI se contracta; mais ce qu'il y eut de visible dans son émotion passa comme un éclair. Il se contint, et dit avec une sévérité tranquille: – Compère Jacques, vous entrez bien brusquement!

– Sire! sire! il y a une révolte! reprit le compère Jacques essoufflé.

Le roi, qui s'était levé, lui prit rudement le bras et lui dit à l'oreille, de façon à être entendu de lui seul, avec une colère concentrée et un regard oblique sur les flamands: – Tais-toi, ou parle bas!

Le nouveau venu comprit, et se mit à lui faire tout bas une narration très effarouchée que le roi écoutait avec calme, tandis que Guillaume Rym faisait remarquer à Coppenole le visage et l'habit du nouveau venu, sa capuce fourrée, caputia fourrata, son épitoge courte, epitogia curta, sa robe de velours noir, qui annonçait un président de la Cour des comptes.

À peine ce personnage eut-il donné au roi quelques explications, que Louis XI s'écria en éclatant de rire: – En vérité! parlez tout haut, compère Coictier! Qu'avez-vous à parler bas ainsi? Notre-Dame sait que nous n'avons rien de caché pour nos bons amis flamands.

– Mais, sire...

– Parlez tout haut!

Le «compère Coictier» demeurait muet de surprise.

– Donc, reprit le roi, – parlez, monsieur, – il y a une émotion de manants dans notre bonne ville de Paris?

– Oui, sire.

– Et qui se dirige, dites-vous, contre monsieur le bailli du Palais de Justice?

– Il y a apparence, répondit le compère, qui balbutiait, encore tout étourdi du brusque et inexplicable changement qui venait de s'opérer dans les pensées du roi.

Louis XI reprit: – Où le guet a-t-il rencontré la cohue?

– Cheminant de la Grande-Truanderie vers le Pont-aux-Changeurs. Je l'ai rencontrée moi-même comme je venais ici pour obéir aux ordres de votre majesté. J'en ai entendu quelques-uns qui criaient: À bas le bailli du Palais!

– Et quels griefs ont-ils contre le bailli?

– Ah! dit le compère Jacques, qu'il est leur seigneur.

– Vraiment!

– Oui, sire. Ce sont des marauds de la Cour des Miracles. Voilà longtemps déjà qu'ils se plaignent du bailli, dont ils sont vassaux. Ils ne veulent le reconnaître ni comme justicier ni comme voyer.

– Oui-da! repartit le roi avec un sourire de satisfaction qu'il s'efforçait en vain de déguiser.

– Dans toutes leurs requêtes au parlement, reprit le compère Jacques, ils prétendent n'avoir que deux maîtres, votre majesté et leur Dieu, qui est, je crois, le diable.

– Hé! hé! dit le roi.

Il se frottait les mains, il riait de ce rire intérieur qui fait rayonner le visage. Il ne pouvait dissimuler sa joie, quoiqu'il essayât par instants de se composer. Personne n'y comprenait rien, pas même «maître Olivier». Il resta un moment silencieux, avec un air pensif, mais content.

– Sont-ils en force? demanda-t-il tout à coup.

– Oui certes, sire, répondit le compère Jacques.

– Combien?

– Au moins six mille.

Le roi ne put s'empêcher de dire: Bon! Il reprit: – Sont-ils armés?

– Des faulx, des piques, des hacquebutes, des pioches. Toutes sortes d'armes fort violentes.

Le roi ne parut nullement inquiet de cet étalage. Le compère Jacques crut devoir ajoutera: – Si votre majesté n'envoie pas promptement au secours du bailli, il est perdu.

– Nous enverrons, dit le roi avec un faux air sérieux. C'est bon. Certainement nous enverrons. Monsieur le bailli est notre ami. Six mille! Ce sont de déterminés drôles. La hardiesse est merveilleuse, et nous en sommes fort courroucé. Mais nous avons peu de monde cette nuit autour de nous. – Il sera temps demain matin.

Le compère Jacques se récria. – Tout de suite, sire! Le bailliage aura vingt fois le temps d'être saccagé, la seigneurie violée et le bailli pendu. Pour Dieu, sire! envoyez avant demain matin.

Le roi le regarda en face. – Je vous ai dit demain matin.

C'était un de ces regards auxquels on ne réplique pas.

Après un silence, Louis XI éleva de nouveau la voix. – Mon compère Jacques, vous devez savoir cela? Quelle était... Il se reprit: Quelle est la juridiction féodale du bailli?

– Sire, le bailli du Palais a la rue de la Calandre jusqu'à la rue de l'Herberie, la place Saint-Michel et les lieux vulgairement nommés les Mureaux assis près de l'église Notre-Dame des Champs (ici Louis XI souleva le bord de son chapeau), lesquels hôtels sont au nombre de treize, plus la Cour des Miracles, plus la Maladerie appelée la Banlieue, plus toute la chaussée qui commence à cette

Maladerie et finit à la Porte Saint-Jacques. De ces divers endroits il est voyer, haut, moyen et bas justicier, plein seigneur.

– Ouais! dit le roi en se grattant l'oreille gauche avec la main droite, cela fait un bon bout de ma ville! Ah! monsieur le bailli était roi de tout cela!

Cette fois il ne se reprit point. Il continua, rêveur et comme se parlant à lui-même: – Tout beau, monsieur le bailli! vous aviez là entre les dents un gentil morceau de notre Paris.

Tout à coup il fit explosion: – Pasque-Dieu! qu'est-ce que c'est que ces gens qui se prétendent voyers, justiciers, seigneurs et maîtres chez nous? qui ont leur péage à tout bout de champ, leur justice et leur bourreau à tout carrefour parmi notre peuple? de façon que, comme le grec se croyait autant de dieux qu'il avait de fontaines, et le persan autant qu'il voyait d'étoiles, le français se compte autant de rois qu'il voit de gibets! Pardieu! cette chose est mauvaise, et la confusion m'en déplaît. Je voudrais bien savoir si c'est la grâce de Dieu qu'il y ait à Paris un autre voyer que le roi, une autre justice que notre parlement, un autre empereur que nous dans cet empire! Par la foi de mon âme! il faudra bien que le jour vienne où il n'y aura en France qu'un roi, qu'un seigneur, qu'un juge, qu'un coupe-tête, comme il n'y a au paradis qu'un Dieu!

Il souleva encore son bonnet, et continua, rêvant toujours, avec l'air et l'accent d'un chasseur qui agace et lance sa meute: – Bon! mon peuple! bravement! brise ces faux seigneurs! fais ta besogne. Sus! sus! pille-les, pends-les, saccage-les!... Ah! vous voulez être rois, messeigneurs? Va! peuple! va!

Ici il s'interrompit brusquement, se mordit la lèvre, comme pour rattraper sa pensée à demi échappée, appuya tour à tour son oeil perçant sur chacun des cinq personnages qui l'entouraient, et tout à coup saisissant son chapeau à deux mains et le regardant en face, il lui dit: – Oh! je te brûlerais si tu savais ce qu'il y a dans ma tête!

Puis, promenant de nouveau autour de lui le regard attentif et inquiet du renard qui rentre sournoisement à son terrier: – Il n'importe! nous secourrons monsieur le bailli. Par malheur nous n'avons que peu de troupe ici en ce moment contre tant de populaire. Il faut attendre jusqu'à demain. On remettra l'ordre en la cité, et l'on pendra vertement tout ce qui sera pris.

– À propos, sire! dit le compère Coictier, j'ai oublié cela dans le premier trouble, le guet a saisi deux traînards de la bande. Si votre majesté veut voir ces hommes, ils sont là.

– Si je veux les voir! cria le roi. Comment! Pasque-Dieu! tu oublies chose pareille! – Cours vite, toi, Olivier!! va les chercher.

Maître Olivier sortit et rentra un moment après avec les deux prisonniers, environnés d'archers de l'ordonnance. Le premier avait une grosse face idiote, ivre et étonnée. Il était vêtu de guenilles et marchait en pliant le genou et en traînant le pied. Le second était une figure blême et souriante que le lecteur connaît déjà.

Le roi les examina un instant sans mot dire, puis s'adressant brusquement au premier:

– Comment t'appelles-tu?

– Gieffroy Pincebourde.

– Ton métier?

– Truand.

– Qu'allais-tu faire dans cette damnable sédition?

Le truand regarda le roi, en balançant ses bras d'un air hébété. C'était une de ces têtes mal conformées où l'intelligence est à peu près aussi à l'aise que la lumière sous l'éteignoir.

– Je ne sais pas, dit-il. On allait, j'allais.

– N'alliez-vous pas attaquer outrageusement et piller votre seigneur le bailli du Palais?

– Je sais qu'on allait prendre quelque chose chez quelqu'un. Voilà tout.

Un soldat montra au roi une serpe qu'on avait saisie sur le truand.

– Reconnais-tu cette arme? demanda le roi.

– Oui, c'est ma serpe. Je suis vigneron.

– Et reconnais-tu cet homme pour ton compagnon? ajouta Louis XI, en désignant l'autre prisonnier.

– Non. Je ne le connais point.

– Il suffit, dit le roi. Et faisant un signe du doigt au personnage silencieux, immobile près de la porte, que nous avons déjà fait remarquer au lecteur:

– Compère Tristan, voilà un homme pour vous.

Tristan l'Hermite s'inclina. Il donna un ordre à voix basse à deux archers qui emmenèrent le pauvre truand.

Cependant le roi s'était approché du second prisonnier, qui suait à grosses gouttes. – Ton nom?

– Sire, Pierre Gringoire.

– Ton métier?

– Philosophe, sire.

– Comment te permets-tu, drôle, d'aller investir notre ami monsieur le bailli du Palais, et qu'as-tu à dire de cette émotion populaire?

– Sire, je n'en étais pas.

– Or çà! paillard, n'as-tu pas été appréhendé par le guet dans cette mauvaise compagnie?

– Non, sire, il y a méprise. C'est une fatalité. Je fais des tragédies. Sire, je supplie votre majesté de m'entendre. Je suis poète. C'est la mélancolie des gens de ma profession d'aller la nuit par les rues. Je passais par là ce soir. C'est grand hasard. On m'a arrêté à tort. Je suis innocent de cette tempête civile. Votre majesté voit que le truand ne m'a pas reconnu. Je conjure votre majesté...

– Tais-toi! dit le roi entre deux gorgées de tisane. Tu nous romps la tête.

Tristan l'Hermite s'avança et désignant Gringoire du doigt: – Sire, peut-on pendre aussi celui-là?

C'était la première parole qu'il proférait.

– Peuh! répondit négligemment le roi. Je n'y vois pas d'inconvénients.

– J'en vois beaucoup, moi! dit Gringoire. Notre philosophe était en ce moment plus vert qu'une olive. Il vit à la mine froide et indifférente du roi qu'il n'y avait plus de ressource que dans quelque chose de très pathétique, et se précipita aux pieds de Louis XI en s'écriant avec une gesticulation désespérée:

– Sire! votre majesté daignera m'entendre!. Sire! n'éclatez pas en tonnerre sur si peu de chose que moi. La grande foudre de Dieu ne bombarde pas une laitue. Sire, vous êtes un auguste monarque très puissant, ayez pitié d'un pauvre homme honnête, et qui serait plus empêché d'attiser une révolte qu'un glaçon de donner une étincelle! Très gracieux sire, la débonnaireté est vertu de lion et de roi. Hélas! la rigueur ne fait qu'effaroucher les esprits, les bouffées impétueuses de la bise ne sauraient faire quitter le manteau au passant, le soleil donnant de ses rayons peu à peu l'échauffe de telle sorte qu'il le fera mettre en chemise. Sire, vous êtes le soleil. Je vous le proteste, mon souverain maître et seigneur, je ne suis pas un compagnon truand, voleur et désordonné. La révolte et les briganderies ne sont pas de l'équipage d'Apollo. Ce n'est pas moi qui m'irai précipiter dans ces nuées qui éclatent en des bruits de séditions. Je suis un fidèle vassal de votre majesté. La même jalousie qu'a le mari pour l'honneur de sa femme, le ressentiment qu'a le fils pour l'amour de son père, un bon vassal les doit avoir pour la gloire de son roi, il doit sécher pour le zèle de sa maison, pour l'accroissement de son service. Toute autre passion qui le transporterait ne serait que fureur. Voilà, sire, mes maximes d'état. Donc, ne me jugez pas séditieux et pillard à mon habit usé aux coudes. Si vous me faites grâce, sire, je l'userai aux genoux à prier Dieu soir et matin pour vous! Hélas! je ne suis pas extrêmement riche, c'est vrai. Je suis même un peu pauvre. Mais non vicieux jour cela. Ce n'est pas ma faute. Chacun sait que les grandes richesses ne se tirent pas des belles-lettres, et que les plus consommés aux bons livres n'ont pas toujours gros feu l'hiver. La seule avocasserie prend tout le grain et ne laisse que la paille aux autres professions scientifiques. Il y a quarante très excellents proverbes sur le manteau troué des philosophes. Oh! sire! la clémence est la seule lumière qui puisse éclairer l'intérieur d'une grande âme. La clémence porte le flambeau devant toutes les autres vertus. Sans elle, ce sont des aveugles qui cherchent Dieu à tâtons.

La miséricorde, qui est la même chose que la clémence, fait l'amour des sujets qui est le plus puissant corps de garde à la personne du prince. Qu'est-ce que cela vous fait, à vous majesté dont les faces sont éblouies, qu'il y ait un pauvre homme de plus sur la terre? un pauvre innocent philosophe, barbotant dans les ténèbres de la calamité, avec son gousset vide qui résonne sur son ventre creux? D'ailleurs, sire, je suis un lettré. Les grands rois se font une perle à leur couronne de protéger les lettres. Hercules ne dédaignait pas le titre de Musagetes. Mathias Corvin favorisait Jean de Monroyal, l'ornement des mathématiques. Or, c'est une mauvaise manière de protéger les lettres que de pendre les lettrés. Quelle tache à Alexandre s'il avait fait pendre Aristoteles! Ce trait ne serait pas un petit moucheron sur le visage de sa réputation pour l'embellir, mais bien un malin ulcère pour le défigurer. Sire! j'ai fait un très expédient épithalame pour madamoiselle de Flandre et monseigneur le très auguste dauphin. Cela n'est pas d'un boute-feu de rébellion. Votre majesté voit que je ne suis pas un grimaud, que j'ai étudié excellemment, et que j'ai beaucoup d'éloquence naturelle. Faites-moi grâce, sire. Cela faisant, vous ferez une action galante à Notre-Dame, et je vous jure que je suis très effrayé de l'idée d'être pendu!

En parlant ainsi, le désolé Gringoire baisait les pantoufles du roi, et Guillaume Rym disait tout bas à Coppenole: – Il fait bien de se traîner à terre. Les rois sont comme le Jupiter de Crète, ils n'ont des oreilles qu'aux pieds. – Et, sans s'occuper du Jupiter de Crète, le chaussetier répondait avec un lourd sourire, l'oeil fixé sur Gringoire: – Oh! que c'est bien cela! je crois entendre le chancelier Hugonet me demander grâce.

Quand Gringoire s'arrêta enfin tout essoufflé, il leva la tête en tremblant vers le roi qui grattait avec son ongle une tache que ses chausses avaient au genou. Puis sa majesté se mit à boire au hanap de tisane. Du reste, elle ne soufflait mot, et ce silence torturait Gringoire. Le roi le regarda enfin. – Voilà un terrible braillard! dit-il. Puis se tournant vers Tristan l'Hermite: – Bah! lâchez-le!

Gringoire tomba sur le derrière, tout épouvanté de joie.

– En liberté! grogna Tristan. Votre majesté ne veut-elle pas qu'on le retienne un peu en cage?

– Compère, repartit Louis XI, crois-tu que ce soit pour de pareils oiseaux que nous faisons faire des cages de trois cent soixante-sept livres huit sols trois deniers? – Lâchez-moi incontinent le paillard (Louis XI affectionnait ce mot, qui faisait avec Pasque-Dieu le fond de sa jovialité), et mettez-le hors avec une bourrade!

– Ouf! s'écria Gringoire, que voilà un grand roi!

Et de peur d'un contre-ordre, il se précipita vers la porte que Tristan lui rouvrit d'assez mauvaise grâce. Les soldats sortirent avec lui en le poussant devant eux à grands coups de poing, ce que Gringoire supporta en vrai philosophe stoïcien.

La bonne humeur du roi, depuis que la révolte contre le bailli lui avait été annoncée, perçait dans tout. Cette clémence inusitée n'en était pas un médiocre signe. Tristan l'Hermite dans son coin avait la mine renfrognée d'un dogue qui a vu et qui n'a pas eu.

Le roi cependant battait gaiement avec les doigts sur le bras de sa chaise la marche de Pont-Audemer. C'était un prince dissimulé, mais qui savait beaucoup mieux cacher ses peines que ses joies. Ces manifestations extérieures de joie à toute bonne nouvelle allaient quelquefois très loin; ainsi, à la mort de Charles le Téméraire, jusqu'à vouer des balustrades d'argent à Saint-Martin de Tours; à son avènement au trône jusqu'à oublier d'ordonner les obsèques de son père.

– Hé! sire! s'écria tout à coup Jacques Coictier, qu'est devenue la pointe aiguë de maladie pour laquelle votre majesté m'avait fait mander?

– Oh! dit le roi, vraiment je souffre beaucoup, mon compère. J'ai l'oreille sibilante, et des râteaux de feu qui me raclent la poitrine.

Coictier prit la main du roi, et se mit à lui tâter le pouls mec une mine capable.

– Regardez, Coppenole, disait Rym à voix basse. Le voilà entre Coictier et Tristan. C'est là toute sa cour. Un médecin pour lui, un bourreau pour les autres.

En tâtant le pouls du roi, Coictier prenait un air de plus en plus alarmé. Louis XI le regardait avec quelque anxiété. Coictier se rembrunissait à vue d'oeil. Le brave homme n'avait d'autre métairie que la mauvaise santé du roi. Il l'exploitait de son mieux.

– Oh! oh! murmura-t-il enfin, ceci est grave, en effet.

– N'est-ce pas? dit le roi inquiet.

– Pulsus creber, anhelans, crepitans, irregularis, continua le médecin.

– Pasque-Dieu!

– Avant trois jours, ceci peut emporter son homme.

– Notre-Dame! s'écria le roi. Et le remède.

– J'y songe, sire.

Il fit tirer la langue à Louis XI, hocha la tête, fit la grimace, et tout au milieu de ces simagrées: – Pardieu, dit-il tout à coup, il faut que je vous conte qu'il y a une recette des régales vacante, et que j'ai un neveu.

– Je donne ma recette à ton neveu, compère Jacques, répondit le roi; mais tire-moi ce feu de la poitrine.

– Puisque votre majesté est si clémente, reprit le médecin, elle ne refusera pas de m'aider un peu en la bâtisse de ma maison rue Saint-André-des-Arcs.

– Heuh! dit le roi.

– Je suis au bout de ma finance, poursuivit le docteur, et il serait vraiment dommage que la maison n'eût pas de toit. Non pour la maison, qui est simple et toute bourgeoise, mais pour les peintures de Jehan Fourbault, qui en égaient le lambris. Il y a une Diane en l'air qui vole, mais si excellente, si tendre, si délicate, d'une action si ingénue, la tête si bien coiffée et couronnée d'un croissant, la chair si blanche qu'elle donne de la tentation à ceux qui la regardent trop curieusement. Il y a aussi une Cérès. C'est encore une très belle divinité. Elle est assise sur des gerbes de blé, et coiffée d'une guirlande galante d'épis entrelacés de salsifis et autres fleurs. Il ne se peut rien voir de plus amoureux que ses yeux, de plus rond que ses jambes, de plus noble que son air, de mieux drapé que sa jupe. C'est une des beautés les plus innocentes et les plus parfaites qu'ait produites le pinceau.

– Bourreau! grommela Louis XI, où en veux-tu venir?

– Il me faut un toit sur ces peintures, sire, et, quoique ce soit peu de chose, je n'ai plus d'argent.

– Combien est-ce, ton toit?

– Mais... un toit de cuivre historié et doré, deux mille livres au plus.

– Ah! l'assassin! cria le roi. Il ne m'arrache pas une dent qui ne soit un diamant.

– Ai-je mon toit? dit Coictier.

– Oui! et va au diable, mais guéris-moi.

Jacques Coictier s'inclina profondément et dit: – Sire, c'est un répercussif qui vous sauvera. Nous vous appliquerons sur les reins le grand défensif, composé avec le cérat, le bol d'Arménie, le blanc d'oeuf, l'huile et le vinaigre. Vous continuerez votre tisane, et nous répondons de votre majesté.

Une chandelle qui brille n'attire pas qu'un moucheron. Maître Olivier, voyant le roi en libéralité et croyant le moment bon, s'approcha à son tour: – Sire...

– Qu'est-ce encore? dit Louis XI.

– Sire, votre majesté sait que maître Simon Radin est mort?

– Eh bien?

– C'est qu'il était conseiller du roi sur le fait de la justice du trésor.

– Eh bien?

– Sire, sa place est vacante.

En parlant ainsi, la figure hautaine de maître Olivier avait quitté l'expression arrogante pour l'expression basse. C'est le seul rechange qu'ait une figure de courtisan. Le roi le regarda très en face, et dit d'un ton sec: – Je comprends.

Il reprit:

– Maître Olivier, le maréchal de Boucicaut disait: Il n'est don que de roi, il n'est peschier que en la mer. Je vois que vous êtes de l'avis de monsieur de Boucicaut. Maintenant oyez ceci. Nous avons bonne mémoire. En 68, nous vous avons fait varlet de notre chambre; en 69, garde du châtel du Pont de Saint-Cloud à cent livres tournois de gages (vous les vouliez parisis). En novembre 73, par lettres données à Gergeole, nous vous avons institué concierge du bois de Vincennes, au lieu de Gilbert Acle, écuyer; en 75, gruyer de la forêt de Rouvray-lez-Saint-Cloud, en place de Jacques Le Maire; en 78, nous vous avons gracieusement assis, par lettres patentes scellées sur double queue de cire verte, une rente de dix livres parisis, pour vous et votre femme, sur la place aux marchands, sise à l'école Saint-Germain; en 79, nous vous avons fait gruyer de la forêt de Senart, au lieu de ce pauvre Jehan Daiz; puis capitaine du château de Loches; puis gouverneur de Saint-Quentin; puis capitaine du Pont de Meulan, dont vous vous faites appeler comte. Sur les cinq sols d'amende que paie tout barbier qui rase un jour de fête, il y a trois sols pour vous, et nous avons votre reste. Nous avons bien voulu changer votre nom de Le Mauvais, qui ressemblait trop à votre mine. En 74, nous vous avons octroyé, au grand déplaisir de notre noblesse, des armoiries de mille couleurs qui vous font une poitrine de paon. Pasque-Dieu! n'êtes-vous pas saoul? La pescherie n'est-elle point assez belle et miraculeuse? Et ne craignez-vous pas qu'un saumon de plus ne fasse chavirer votre bateau? L'orgueil vous perdra, mon compère. L'orgueil est toujours talonné de la ruine et de la honte. Considérez ceci, et taisez-vous.

Ces paroles, prononcées avec sévérité, firent revenir à l'insolence la physionomie dépitée de maître Olivier.

– Bon, murmura-t-il presque tout haut, on voit bien que le roi est malade aujourd'hui. Il donne tout au médecin.

Louis XI, loin de s'irriter de cette incartade, reprit avec quelque douceur: – Tenez, j'oubliais encore que je vous ai fait mon ambassadeur à Gand près de madame Marie. Oui, messieurs, ajouta le roi en se tournant vers les flamands, celui-ci a été ambassadeur. – Là, mon compère, poursuivit-il en s'adressant à maître Olivier, ne nous fâchons pas, nous sommes vieux amis. Voilà qu'il est très tard. Nous avons terminé notre travail. Rasez-moi.

Nos lecteurs n'ont sans doute pas attendu jusqu'à présent pour reconnaître dans maître Olivier ce Figaro terrible que la providence, cette grande faiseuse de drames, a mêlé si artistement à la longue et sanglante comédie de Louis XI. Ce n'est pas ici que nous entreprendrons de développer cette figure singulière. Ce barbier du roi avait trois noms. À la cour, on l'appelait poliment Olivier le Daim; parmi le peuple, Olivier le Diable. Il s'appelait de son vrai nom Olivier le Mauvais.

Olivier le Mauvais donc resta immobile, boudant le roi, en regardant Jacques Coictier de travers. – Oui, oui! le médecin! disait-il entre ses dents.

– Eh! oui, le médecin, reprit Louis XI avec une bonhomie singulière, le médecin a plus de crédit encore que toi. C'est tout simple. Il a prise sur nous par tout le corps, et tu ne nous tiens que par le menton. Va, mon pauvre barbier, cela se retrouvera. Que dirais-tu donc, et que deviendrait ta charge si j'étais un roi comme le roi Chilpéric qui avait pour geste de tenir sa barbe d'une main? – Allons, mon compère, vaque à ton office, rase-moi. Va chercher ce qu'il te faut.

Olivier, voyant que le roi avait pris le parti de rire et qu'il n'y avait pas même moyen de le fâcher, sortit en grondant pour exécuter ses ordres.

Le roi se leva, s'approcha de la fenêtre, et tout à coup l'ouvrant avec une agitation extraordinaire: – Oh! oui! s'écria-t-il en battant des mains, voilà une rougeur dans le ciel sur la Cité. C'est le bailli qui brûle. Ce ne peut être que cela. Ah! mon bon peuple! voilà donc que tu m'aides enfin à l'écroulement des seigneuries!

Alors, se tournant vers les flamands: – Messieurs, venez voir ceci. N'est-ce pas un feu qui rougeoie?

Les deux gantois s'approchèrent.

– Un grand feu, dit Guillaume Rym.

– Oh! ajouta Coppenole, dont les yeux étincelèrent tout à coup, cela me rappelle le brûlement de la maison du seigneur d'Hymbercourt. Il doit y avoir une grosse révolte là-bas.

– Vous croyez, maître Coppenole? – Et le regard de Louis XI était presque aussi joyeux que celui du chaussetier.

– N'est-ce pas qu'il sera difficile d'y résister?

– Croix-Dieu! sire! votre majesté ébréchera là-dessus bien des compagnies de gens de guerre!

– Ah! moi! c'est différent, repartit le roi. Si je voulais!...

Le chaussetier répondit hardiment:

– Si cette révolte est ce que je suppose, vous auriez beau vouloir, sire!

– Compère, dit Louis XI, avec deux compagnies de mon ordonnance et une volée de serpentine, on a bon marché d'une populace de manants.

Le chaussetier, malgré les signes que lui faisait Guillaume Rym, paraissait déterminé à tenir tête au roi.

– Sire, les suisses aussi étaient des manants. Monsieur le duc de Bourgogne était un grand gentilhomme, et il faisait fi de cette canaille. À la bataille de Grandson, sire, il criait: Gens de canons! feu sur ces vilains! et il jurait par Saint-Georges. Mais l'avoyer Scharnachtal se rua sur le beau duc avec sa massue et son peuple, et de la rencontre des paysans à peaux de buffle la luisante armée bourguignonne s'éclata comme une vitre au choc d'un caillou. Il y eut là bien des chevaliers de tués par des marauds; et l'on trouva monsieur de Château-Guyon, le plus grand seigneur de la Bourgogne, mort avec son grand cheval grison dans un petit pré de marais.

– L'ami, repartit le roi, vous parlez d'une bataille. Il s'agit d'une mutinerie. Et j'en viendrai à bout quand il me plaira de froncer le sourcil.

L'autre répliqua avec indifférence:

– Cela se peut, sire. En ce cas, c'est que l'heure du peuple n'est pas venue.

Guillaume Rym crut devoir intervenir. – Maître Coppenole, vous parlez à un puissant roi.

– Je le sais, répondit gravement le chaussetier.

– Laissez-le dire, monsieur Rym mon ami, dit le roi, j'aime ce franc-parler. Mon père Charles septième disait que la vérité était malade.

Je croyais, moi, qu'elle était morte, et qu'elle n'avait point trouvé de confesseur. Maître Coppenole me détrompe.

Alors, posant familièrement sa main sur l'épaule de Coppenole:

– Vous disiez donc, maître Jacques?...

– Je dis, sire, que vous avez peut-être raison, que l'heure du peuple n'est pas venue chez vous.

Louis XI le regarda avec son oeil pénétrant.

– Et quand viendra cette heure, maître?

– Vous l'entendrez sonner.

– À quelle horloge, s'il vous plaît?

Coppenole avec sa contenance tranquille et rustique fit approcher le roi de la fenêtre. – Écoutez, sire! Il y a ici un donjon, un beffroi, des canons, des bourgeois, des soldats. Quand le beffroi bourdonnera, quand les canons gronderont, quand le donjon croulera à grand bruit, quand bourgeois et soldats hurleront et s'entre-tueront, c'est l'heure qui sonnera.

Le visage de Louis devint sombre et rêveur. Il resta un moment silencieux, puis il frappa doucement de la main, comme on flatte une croupe de destrier, l'épaisse muraille du donjon. – Oh! que non! dit-il. N'est-ce pas que tu ne crouleras pas si aisément, ma bonne Bastille?

Et se tournant d'un geste brusque vers le hardi flamand:

– Avez-vous jamais vu une révolte, maître Jacques?

– J'en ai fait, dit le chaussetier.

– Comment faites-vous, dit le roi, pour faire une révolte?

– Ah! répondit Coppenole, ce n'est pas bien difficile. Il y a cent façons. D'abord il faut qu'on soit mécontent dans la ville. La chose n'est pas rare. Et puis le caractère des habitants. Ceux de Gand sont commodes à la révolte. Ils aiment toujours le fils du prince, le prince jamais. Eh bien! un matin, je suppose, on entre dans ma boutique, on me dit: Père Coppenole, il y a ceci, il y a cela, la demoiselle de Flandre veut sauver ses ministres, le grand bailli double le tru de l'esgrin, ou autre chose. Ce qu'on veut. Moi, je laisse là l'ouvrage, je sors de ma chausseterie, et je vais dans la rue, et je crie: À sac! Il y a bien toujours là quelque futaille défoncée. Je monte dessus, et je dis tout haut les premières paroles venues, ce que j'ai sur le coeur; et quand on est du peuple, sire, on a toujours quelque chose sur le coeur. Alors on s'attroupe, on crie, on sonne le tocsin, on arme les manants du désarmement des soldats, les gens du marché s'y joignent, et l'on va! Et ce sera toujours ainsi, tant qu'il y aura des seigneurs dans les seigneuries, des bourgeois dans les bourgs, et des paysans dans les pays.

– Et contre qui vous rebellez-vous ainsi? demanda le roi. Contre vos baillis? contre vos seigneurs?

– Quelquefois. C'est selon. Contre le duc aussi, quelquefois.

Louis XI alla se rasseoir, et dit avec un sourire: – Ah! ici, ils n'en sont encore qu'aux baillis!

En cet instant Olivier le Daim rentra. Il était suivi de deux pages qui portaient les toilettes du roi; mais ce qui frappa Louis XI, c'est qu'il était en outre accompagné du prévôt de Paris et du chevalier du guet, lesquels paraissaient consternés. Le rancuneux barbier avait aussi l'air consterné, mais content en dessous. C'est lui qui prit la parole: –

Sire, je demande pardon à votre majesté de la calamiteuse nouvelle que je lui apporte.

Le roi en se tournant vivement écorcha la natte du plancher avec les pieds de sa chaise: – Qu'est-ce à dire?

– Sire, reprit Olivier le Daim avec la mine méchante d'un homme qui se réjouit d'avoir à porter un coup violent, ce n'est pas sur le bailli du palais que se rue cette sédition populaire.

– Et sur qui donc?

– Sur vous, sire.

Le vieux roi se dressa debout et droit comme un jeune homme: – Explique-toi, Olivier! explique-toi! Et tiens bien ta tête, mon compère, car je te jure par la croix de Saint-Lô que si tu nous mens à cette heure, l'épée qui a coupé le cou de monsieur de Luxembourg n'est pas si ébréchée qu'elle ne scie encore le tien!

Le serment était formidable. Louis XI n'avait juré que deux fois dans sa vie par la croix de Saint-Lô.

Olivier ouvrit la bouche pour répondre: – Sire...

– Mets-toi à genoux! interrompit violemment le toi. Tristan, veillez sur cet homme!

Olivier se mit à genoux, et dit froidement: – Sire, une sorcière a été condamnée à mort par votre cour de parlement. Elle s'est réfugiée dans Notre-Dame. Le peuple l'y veut reprendre de vive force. Monsieur le prévôt et monsieur le chevalier du guet, qui viennent de l'émeute, sont là pour me démentir si ce n'est pas la vérité. C'est Notre-Dame que le peuple assiège.

– Oui-da! dit le roi à voix basse, tout pâle et tout tremblant de colère. Notre-Dame! ils assiègent dans sa cathédrale Notre-Dame, ma bonne maîtresse! – Relève-toi, Olivier. Tu as raison. Je te donne la charge de Simon Radin. Tu as raison. – C'est à moi qu'on s'attaque. La sorcière est sous la sauvegarde de l'église, l'église est sous ma sauvegarde. Et moi qui croyais qu'il s'agissait du bailli! C'est contre moi!

Alors, rajeuni par la fureur, il se mit à marcher à grands pas. Il ne riait plus, il était terrible, il allait et venait, le renard s'était changé en hyène, il semblait suffoqué à ne pouvoir parler, ses lèvres remuaient, et ses poings décharnés se crispaient. Tout à coup il releva la tête, son oeil cave parut plein de lumière, et sa voix éclata comme un clairon. – Main basse, Tristan! main basse sur ces coquins!. Va! Tristan mon ami! tue! tue!

Cette éruption passée, il vint se rasseoir, et dit avec une rage froide et concentrée:

– Ici, Tristan! – Il y a près de nous dans cette Bastille les cinquante lances du vicomte de Gif, ce qui fait trois cents chevaux, vous les prendrez. Il y a aussi la compagnie des archers de notre ordonnance de M. de Châteaupers, vous la prendrez. Vous êtes prévôt des maréchaux, vous avez les gens de votre prévôté, vous les prendrez. À l'Hôtel Saint-Pol, vous trouverez quarante archers de la nouvelle garde de monsieur le Dauphin, vous les prendrez; et avec tout cela, vous allez courir à Notre-Dame. – Ah! messieurs les manants de Paris, vous vous jetez ainsi tout au travers de la couronne de France, de la sainteté de Notre-Dame et de la paix de cette république! – Extermine, Tristan! extermine! et que pas un n'en réchappe que pour Montfaucon.

Tristan s'inclina. – C'est bon, sire! Il ajouta après un silence: – Et que ferai-je de la sorcière?

Cette question fit songer le roi.

– Ah! dit-il, la sorcière! – Monsieur d'Estouteville, qu'est-ce que le peuple en voulait faire?

– Sire, répondit le prévôt de Paris, j'imagine que, puisque le peuple la vient arracher de son asile de Notre-Dame, c'est que cette impunité le blesse et qu'il la veut pendre.

Le roi parut réfléchir profondément, puis s'adressant à Tristan l'Hermite: – Eh bien! mon compère, extermine le peuple et pends la sorcière.

– C'est cela, dit tout bas Rym à Coppenole, punir le peuple de vouloir, et faire ce qu'il veut.

– Il suffit, sire, répondit Tristan. Si la sorcière est encore dans Notre-Dame, faudra-t-il l'y prendre malgré l'asile?

–. Pasque-Dieu, l'asile! dit le roi en se grattant l'oreille. Il faut pourtant que cette femme soit pendue.

Ici, comme pris d'une idée subite, il se rua à genoux devant sa chaise, ôta son chapeau, le posa sur le siège, et regardant dévotement l'une des amulettes de plomb qui le chargeaient: – Oh! dit-il les mains jointes, Notre-Dame de Paris, ma gracieuse patronne, pardonnez-moi. Je ne le ferai que cette fois. Il faut punir cette criminelle. Je vous assure, madame la Vierge, ma bonne maîtresse, que c'est une sorcière qui n'est pas digne de votre aimable protection. Vous savez, madame, que bien des princes très pieux ont outrepassé le privilège des églises pour la gloire de Dieu et la nécessité de l'état. Saint Hugues, évêque d'Angleterre, a permis au roi Édouard de prendre un magicien dans son église. Saint Louis de France, mon maître, a transgressé pour le même objet l'église de monsieur saint Paul; et monsieur Alphonse, fils du roi de Jérusalem, l'église même du Saint-Sépulcre. Pardonnez-moi donc pour cette fois, Notre-Dame de Paris. Je ne le ferai plus, et je vous donnerai une belle statue d'argent, pareille à celle que j'ai donnée l'an passé à Notre-Dame d'Écouys. Ainsi soit-il.

Il fit un signe de croix, se releva, se recoiffa, et dit à Tristan: – Faites diligence, mon compère. Prenez M. de Châteaupers avec vous. Vous ferez sonner le tocsin. Vous écraserez le populaire. Vous pendrez la sorcière. C'est dit. Et j'entends que le pourchas de l'exécution soit fait par vous. Vous m'en rendrez compte. – Allons, Olivier, je ne me coucherai pas cette nuit. Rase-moi.

Tristan l'Hermite s'inclina et sortit. Alors le roi, congédiant du geste Rym et Coppenole: – Dieu vous garde, messieurs mes bons amis les flamands. Allez prendre un peu de repos. La nuit s'avance, et nous sommes plus près du matin que du soir.

Tous deux se retirèrent, et en gagnant leurs appartements sous la conduite du capitaine de la Bastille, Coppenole disait à Guillaume Rym: – Hum! j'en ai assez de ce roi qui tousse! J'ai vu Charles de Bourgogne ivre, il était moins méchant que Louis XI malade.

– Maître Jacques, répondit Rym, c'est que les rois ont le vin moins cruel que la tisane.

VI

PETITE FLAMBE EN BAGUENAUD

EN sortant de la Bastille, Gringoire descendit la rue Saint-Antoine de la vitesse d'un cheval échappé. Arrivé à la porte Baudoyer, il marcha droit à la croix de pierre qui se dressait au milieu de cette place, comme s'il eût pu distinguer dans l'obscurité la figure d'un homme vêtu et encapuchonné de noir qui était assis sur les marches de la croix. – Est-ce vous, maître? dit Gringoire.

Le personnage noir se leva. – Mort et passion! vous me faites bouillir, Gringoire. L'homme qui est sur la tour de Saint-Gervais vient de crier une heure et demie du matin.

– Oh! repartit Gringoire, ce n'est pas ma faute, mais celle du guet et du roi. Je viens de l'échapper belle! Je manque toujours d'être pendu. C'est ma prédestination.

– Tu manques tout, dit l'autre. Mais allons vite. As-tu le mot de passe?

– Figurez-vous, maître, que j'ai vu le roi. J'en viens. Il a une culotte de futaine. C'est une aventure.

– Oh! quenouille de paroles! que me fait ton aventure? As-tu le mot de passe des truands?

– Je l'ai. Soyez tranquille. Petite flambe en baguenaud.

– Bien. Autrement nous ne pourrions pénétrer jusqu'à l'église. Les truands barrent les rues. Heureusement il paraît qu'ils ont trouvé de la résistance. Nous arriverons peut-être encore à temps.

– Oui, maître. Mais comment entrerons-nous dans Notre-Dame?

– J'ai la clef des tours.

– Et comment en sortirons-nous?

– Il y a derrière le cloître une petite porte qui donne sur le Terrain, et de là sur l'eau. J'en ai pris la clef, et j'y ai amarré un bateau ce matin.

– J'ai joliment manqué d'être pendu! reprit Gringoire.

– Eh vite! allons! dit l'autre.

Tous deux descendirent à grands pas vers la Cité.

VII

CHATEAUPERS À LA RESCOUSSE!

LE lecteur se souvient peut-être de la situation critique où nous avons laissé Quasimodo. Le brave sourd, assailli de toutes parts, avait perdu, sinon tout courage, du moins tout espoir de sauver, non pas lui, il ne songeait pas à lui, mais l'égyptienne. Il courait éperdu sur la galerie. Notre-Dame allait être enlevée par les truands. Tout à coup un grand galop de chevaux emplit les rues voisines, et avec une longue file de torches et une épaisse colonne de cavaliers abattant lances et brides, ces bruits furieux débouchèrent sur la place comme un ouragan: France! France! Taillez les manants! Châteaupers à la rescousse! Prévôté! prévôté!

Les truands effarés firent volte-face.

Quasimodo, qui n'entendait pas, vit les épées nues, les flambeaux, les fers de piques, toute cette cavalerie, en tête de laquelle il reconnut le capitaine Phoebus, il vit la confusion des truands, l'épouvante chez les uns, le trouble chez les meilleurs, et il reprit de ce secours inespéré tant de force qu'il rejeta hors de l'église les premiers assaillants qui enjambaient déjà la galerie.

C'étaient en effet les troupes du roi qui survenaient.

Les truands firent bravement. Ils se défendirent en désespérés. Pris en flanc par la rue Saint-Pierre-aux-Boeufs et en queue par la rue du Parvis, acculés à Notre-Dame qu'ils assaillaient encore et que défendait Quasimodo, tout à la fois assiégeants et assiégés, ils étaient dans la situation singulière où se retrouva depuis, au fameux siège de Turin, en 1640, entre le prince Thomas de Savoie qu'il assiégeait et le marquis de Leganez qui le bloquait, le comte Henri d'Harcourt, Taurinum obsessor idem et obsessus, comme dit son épitaphe.

La mêlée fut affreuse. À chair de loup dent de chien, comme dit P. Mathieu. Les cavaliers du roi, au milieu desquels Phoebus de Châteaupers se comportait vaillamment, ne faisaient aucun quartier, et la taille reprenait ce qui échappait à l'estoc. Les truands, mal armés, écumaient et mordaient. Hommes, femmes, enfants se jetaient aux croupes et aux poitrails des chevaux, et s'y accrochaient comme des chats avec les dents et les ongles des quatre membres. D'autres tamponnaient à coups de torches le visage des archers. D'autres piquaient des crocs de fer au cou des cavaliers et tiraient à eux. Ils déchiquetaient ceux qui tombaient.

On en remarqua un qui avait une large faulx luisante, et qui faucha longtemps les jambes des chevaux. Il était effrayant. Il chantait une chanson nasillarde, il lançait sans relâche et ramenait sa faulx. À chaque coup, il traçait autour de lui un grand cercle de membres coupés. Il avançait ainsi au plus fourré de la cavalerie, avec la lenteur tranquille, le balancement de tête et l'essoufflement régulier d'un moissonneur qui entame un champ de blé. C'était Clopin Trouillefou. Une arquebusade l'abattit.

Cependant les croisées s'étaient rouvertes. Les voisins, entendant les cris de guerre des gens du roi, s'étaient mêlés à l'affaire, et de tous les étages les balles pleuvaient sur les truands. Le Parvis était plein d'une fumée épaisse que la mousqueterie rayait de feu. On y distinguait confusément la façade de Notre-Dame, et l'Hôtel-Dieu décrépit, avec quelques hâves malades qui regardaient du haut de son toit écaillé de lucarnes.

Enfin les truands cédèrent. La lassitude, le défaut de bonnes armes, l'effroi de cette surprise, la mousqueterie des fenêtres, le brave choc des gens du roi, tout les abattit. Ils forcèrent la ligne des assaillants, et se mirent à fuir dans toutes les directions, laissant dans le Parvis un encombrement de morts.

Quand Quasimodo, qui n'avait pas cessé un moment de combattre, vit cette déroute, il tomba à deux genoux, et leva les mains au ciel; puis, ivre de joie, il courut, il monta avec la vitesse d'un oiseau à cette cellule dont il avait si intrépidement défendu les approches. Il n'avait plus qu'une pensée maintenant, c'était de s'agenouiller devant celle qu'il venait de sauver une seconde fois.

Lorsqu'il entra dans la cellule, il la trouva vide.